KB236449

제2의 월급

SNS와 블로그만 알면 지금 시작할 수 있는 인플루언서 마케팅

제2의 월급

(주)오드엠 엮음

솔빛길

CHAPTER 4 마케팅 꿀팁 노하우

이 책은 인플루언서 마케팅에 대한 안내서입니다

인플루언서 마케팅이란 인터넷이 사람들에게 익숙해지면서 등장한 마케팅 개념 중 가장 최근의 개념이라고 할 수 있습니다. 과거에는 셀러브리티(셀럽), 유명 크리에이터, 연예인 등 특정인들을 다른 사람에게 영향을 끼치는 인플루언서라고 일컬어왔지만, SNS(소셜 네트워크 서비스)가 일상화되면서, 사람은 누구나 온라인에서의 활동(콘텐츠, 리뷰, 댓글 등)을 통해 다른 사람에게 영향을 끼치게 되었습니다. 그런 의미에서 영향력의 차이는 있겠지만, 우리는 누구나 인플루언서라고 할 수 있습니다. 인플루언서 마케팅은 이렇게 다른 사람에게 영향을 끼치는 개인, 즉 인플루언서를 활용한 마케팅을 일컫는 말입니다.

인플루언서 혹은 인플루언서 마케팅에 대해 과거보다 확장된(셀럽에서 일반 개인으로까지의 확장) 개념이 자리를 잡으면서, 기업은 과거 4대 매체를 활용하던 때보다 적은 예산으로도 목표하는 소비자를 대상으로 마케팅 활동을 할 수 있게 되었고, 개인은 인플루언서 마케팅 활동으로 자신이 가진 온라인에서의 영향력을 경제적 수익(가치)로 전환시킬 수 있게 되었습니다. 즉, 인플루언서 마케팅은 기업에게는 효과적이고 효율적인 홍보 활동을, 개인에게는 경제적 수익을 제공하고 있습니다.

이 책은 인플루언서 마케팅에 관심이 있는 개인-기업이나 브랜드 담당자가 아닌-을 위한 책입니다. 즉, 인플루언서 마케팅 활동을 통해 경제적 수익을 얻으려고 하는 개인을 위해 인플루언서 마케팅의 방법과 노하우를 알려주는 실용 서적입니다. 우리가 책 제목을 [제2의 월급 : 인플루언서 마케팅]이라고 정한 이유가 여기에 있습니다. 그러나 인플루언서 마케팅을 아직 활용해보시 않은 브랜드나 기업의 담당자들도 보신다면 성과형 마케팅이라는 새로운 마케팅을 이해하는데 큰 도움이 될 것입니다.

인플루언서라는 단어를 처음 접하거나, 인플루언서 마케팅에 대해 들어봤지만, 정확히 어떻게 하는 지 잘 모르는 분들도 이 책에 나온 것들을 조금씩 활용하다 보면 차츰 성과를 내고, 지금보다 한 단계 더 발전하는 계기가 될 것입니다. 특히 국내 1위 인플루언서 마케팅 플랫폼, 애드픽(www.adpick.co.kr)에 회원으로 가입해 직접 활용하며 책을 읽어간다면 더욱 빠르게 목표하는 바에 도달할 것이라 생각합니다.

이 책은 크게 4개의 장으로 구성되어 있습니다.

[1장. 인플루언서 마케팅]에서는 인플루언서의 의미와 분류, 인플루언서 마케팅에 대해 소개합니다. 1장을 통해 지금까지 몰랐던

인플루언서와 인플루언서 마케팅의 세계, 그리고 기업과 브랜드는 인플루언서 마케팅을 어떻게 활용하고 있는지를 알게 됩니다.

[2장. SNS 마케팅 실전]은 페이스북 활용법에 대해 소개합니다. 가장 많이 사용하는 SNS인 페이스북의 기초부터 활용까지, 페이스북을 많이 써보지 않은 분들에게도 도움이 될 겁니다.

[3장. 인플루언서 마케팅 노하우]는 국내 1위 인플루언서 마케팅 플랫폼인 애드픽에서 활동중인 우수 인플루언서들의 실전 노하우를 담고 있습니다. 인플루언서로서 좋은 성과를 내기 위한 효과적인 방법론을 소개하고 있습니다.

[4장. 마케팅 꿀팁 노하우]는 인플루언서 마케팅을 시작하고, 실제 진행하는데 필요한 각종 정보와 자료를 담고 있습니다. 인플루언서 마케팅을 실제 진행하면서 궁금해 할 내용들이 정리되어 있으니, 캠페인을 진행하고, 성과를 만드는데 큰 도움이 될 것입니다.

또, 책의 각 장 끝에는 [인플루언서 인터뷰]가 수록되어 있습니다. 최고수 인플루언서뿐 아니라, 애드픽에서 최초의 수익 환급을 이루었거나 초보단계를 막 벗어난 인플루언서들의 경험담도 포함하고 있어, 이제 막 인플루언서 마케팅을 시작하려는 분들께는 격려와 응원의 메시지가 될 것입니다. 부록으로, 광고마케팅 용어와 저작권 관련 팁을 간단히 정리했습니다. 두 가지 모두 미리 익혀둔다면 도움이 될 것입니다. 콘텐츠를 매개로 이루어지는 인플루언서 마케팅 특성상 저작권 관련 다툼이 생길 때가 종종 있습니다. 주의해야할 점을 정리했습니다.

저희가 생각하는 이 책의 독자는 다음과 같습니다.

- 소셜 마케팅에 관심이 많은 개인

- SNS나 블로그 등 온라인 활동을 통해 수익을 얻고 싶은 개인

- 인플루언서 마케팅에 대해 관심이 있으나, 어떻게 해야 할지 잘 모르겠다는 개인

- 콘텐츠 개발능력과 마케팅 재능을 살려 새로운 직업을 찾고 싶은 개인

책을 엮고 제작한 ㈜오드엠은 2013년 12월 인플루언서 마케팅 플랫폼, 애드픽(www.adpick.co.kr)을 국내 최초로 오픈했습니다. 이후 지금까지 인플루언서 회원들에게 150억이 넘는 수익금을 지급해 왔습니다. 가장 많은 인플루언서 회원들을 보유하고, 가장 많은 광고 캠페인을 진행하면서 쌓인 데이터와 노하우가 이 책을 펴내게 된 기반이 되었습니다. 저희는 애드픽을 통해, 저희와 인터뷰를 진행했던 인플루언서 회원들이 그랬던 것처럼 더 많은 사람들이 경제적 자유와 함께 직업적 자유를 획득할 수 있기를 희망합니다. 본 책의 출간과 함께 인플루언서 마케팅에 대한 정보와 교육 서비스를 제공하기 위해 인플루언서 카페(http://influencer.cafe)를 개설했습니다. 많은 분들에게 도움이 되기를 바랍니다.

이 책을 통해 더 많은 분들이 인플루언서 마케팅에 눈을 뜨고, [제2의 월급]이라는 희망하는 목표를 이룰 수 있기를 바랍니다.

㈜오드엠 박무순, 안소연

인플루언서(Influnecer)는 말 그대로, 영향력을 가진 개인으로, 타인에게 영향력을 끼치는 사람을 의미한다. 지금까지 인플루언서라고 하면 연예인, 셀러브리티(Celebrity, 셀럽), 유튜브에서 활동하는 유명 크리에이터 또는 과거 네이버 블로그에서 활동하는 상위 파워블로거 들을 일컫는 단어였다. 이들이 내뱉는 말 한마디, 이들이 쓰는 제품 및 장소에 대한 리뷰가 상품의 인지도, 호감도 및 판매에 큰 영향을 끼쳐온 것이 사실이다.

인플루언서
마케팅

광고 매체 환경의 변화

달라지는
광고 매체 비중

우리나라 기업들은 어떤 매체에 광고비를 많이 쓸까? 다음 표는 제일기획에서 발표한 2016년 대한민국의 총 광고비를 집계한 표다. 이 표를 보면, 기업들은 2015년과 2016년 모두 TV광고에 가장 많은 광고비를 쓰고 있다. 그런데 2015년에서 2016년으로 넘어가면서 과거와는 다른 변화가 나타나기 시작했다. 모든 매체에서 광고비를 줄였지만, 오직 한 분야 '디지털' 부문에서만 2015년에 비해 2016년에 광고비가 늘어난 것이다. 특히 디지털 부문을 더 상세히 살펴보면 PC, 즉 웹 광고는 줄었지만, 모바일 광고는 대폭 늘어난 것으로 확인된다.

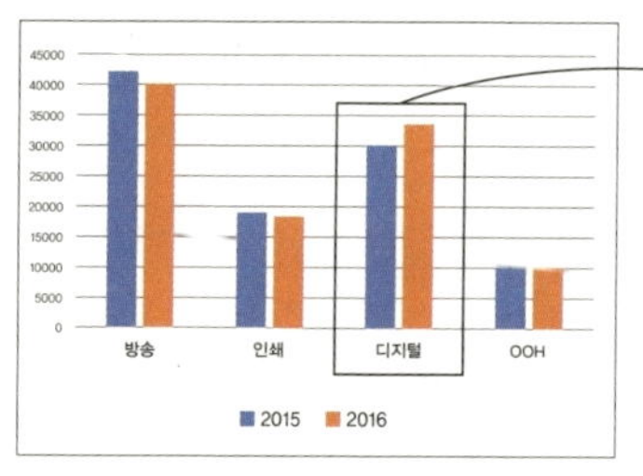

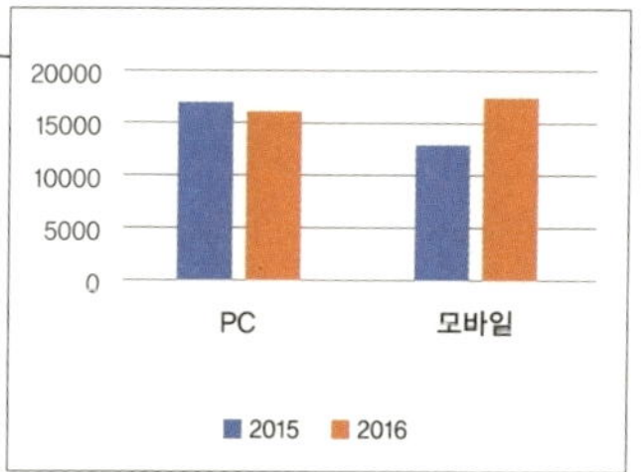

2016년 대한민국 총광고비, 제일기획

이 같은 광고비 통계는 기업들이 더는 브랜드나 상품, 기업 광고를 위해 기존의 4대 매체를 위주로 하는 광고를 고집하지 않는다는 것을 보여준다. 특히 모바일 부문이 늘어났다는 것은 기업들이 매체 환경의 변화에 민감하게 반응하고 있으며, '모바일 시대'에 맞는 광고 상품의 판매가 지속적으로 늘어날 것이라는 의미를 담고 있다고 할 수 있다.

'모바일 시대'에 맞는 광고가 어떤 것인가를 설명하려면 모바일 시대는 어떤 시대인가를 먼저 정의해야 한다. 소비 시장의 변화와 흐름을 주도하는 모바일 주류 세대, 즉 모바일 네이티브 세대가 이끄는 모바일 시대를 바라볼 수 있는 큰 흐름을 세 가지 정도로 요약할 수 있다.

먼저 현재의 모바일 시대는 완전히 콘텐츠가 주도하는 시대라는 것이다. 콘텐츠Contents, 커머스Commerce, 커뮤니티Community 등 3C라고 불리며 인터넷을 규정짓던 세 가지 개념이 이제는 콘텐츠로 집중되고 있다. 콘텐츠 없이 설명할 수 있는 것은 없

제2의 월급 : 인플루언서 마케팅

다고 해도 과언이 아니다. 특히 모바일에 익숙한 세대는 커뮤니티, 커머스 등의 출발점이 콘텐츠라고 단언해도 무방할 것이다. TV와 영화를 모바일로 보는 시대이기 때문이다.

둘째, 모바일에 익숙한 모바일 네이티브 세대는 더는 어린 세대가 아니다. 그 세대가 자라나 구매력까지 갖춘 구매 중심층이 되어가고 있다.

셋째, 구매 중심층이 되어가는 모바일 네이티브 세대가 소비하는 콘텐츠는 어디에서 주로 소비될까? 특정 플랫폼으로의 집중 현상, 바로 이것이 핵심이다.

즉, 모바일 네이티브 세대가 이끄는 모바일 시대는 '구매력을 갖춘 모바일 네이티브 세대가 특정 플랫폼에서 콘텐츠 위주로 소비하는 시대'라고 설명할 수 있다.

이러한 모바일 세대 및 모바일 시대에 맞는 광고는 어떻게 변해갈까? 이 질문에 대한 답은 2015년에 출간된 소비자 행동에 관한 한 서적에서 찾을 수 있다.

모바일 시대에 맞는 광고

2015년에 출간된 『절대 가치Absolute Value』는 현재의 소비자 행동에 대한 의미 있는 연구결과를 제시했는데, 이는 기업 및 브랜드의 마케터에게 많은 인사이트를 제공했다. 소비자 선택 이론의 권위자이자 스탠퍼드대학의 마케팅 교수로 재직 중인 이타마르 시몬슨 교수의 이 책은 마케팅에 관한 기존의 패러다임을 뒤집었다는 평가를 받았다. 이 책에서 시몬슨 교수는 인터넷의 확산을 통해 소비자 행동이 바뀌고 있다고 주장했다. 또한 책이 출판된 2015년은 우리나라에서 모바일 인터넷 사용의 확산으로 매체 및 콘텐츠 이용 습관이 대폭적으로 바뀌기 시작한 시기였다. 이 같은 시기적 정황을 볼 때, 시몬슨 교수가 책에서 주장한 절대 가치, 완전 정보의 개념이 모바일 시대에서 개인이 무엇으로부터 소비 행동에 영향을 받게 되는지 그 근거를 제시하고 있다고 봐도 무리가 없을 것이다.

앞서 이야기한 이 책은 현대의 소비자를 정의하고, 그 소비자를 움직이는 요인과 소비 행동에 대해 정의하고 있다. 아주 간략하게 요약하면 다음과 같다.

오늘날의 소비자는 파편화된 개인들로, 정보를 획일적으로 일방적으로 수집하거나 수용하지 않는다. 이런 소비자들은 전통적인 마케팅 방식, 즉 브랜드, 충성도, 충분한 정보, 포지셔닝 등으로 잡을 수 없다는 것이다. 즉, 오늘의 소비자는 알려진 브랜드라고 무조건적으로 구매하지 않는다. 마케터가 관리 집행하는 광고, 포장, 여타의 정보에 대한 의존도는 줄어드는 반면, 제품과 품질에 대한 정보를 제공하는 사용자와 전문가에 대한 리뷰 의존도는 커진다는 것이다. 이때 등장하는 개념이 바로 완전 정보 시대라는 것인데, '소비자들은 제품에 대한 정보를 거의 완전하게 얻을 수 있는 완전 정보 시대에 살고 있다'는 것이다. 그리고 이때 소비자들이 참고하는 정보는 책의 제목으로 쓰인 '절대 가치*'다. 이 책에서 시몬슨 교수는 마케터들이 제시하는 제품 정보를 상대 가치, 제품의 품질 및 본질을 절대 가치라고 정의한다.

완전 정보 시대가
주는 교훈

시몬슨 교수가 주장하는 완전 정보 시대라는 개념은 우리에게 두 가지 교훈을 준다. 하나는 콘텐츠이고, 다른 하나는 플랫폼이다.

먼저, 콘텐츠의 관점에서 보면 더는 획일적으로 찍어내는 단일한 메시지의 광고 홍보 콘텐츠가 소비자에게 영향력을 발휘하지 못한다는 것이다. 파편화된 소비자는 타기팅된 메시지로 그들에게 맞는 용어를 사용해 접근해야 한다.

플랫폼이라는 관점에서도 마찬가지다. 더는 현대의 소비자는 TV로만 드라마나 쇼를 보지 않는다. 스마트폰으로 콘텐츠를 소비하고, 종이 신문을 읽지 않으며, 포털에 게시된 뉴스나, 소셜

---

* 『절대 가치』, 이타마르 시몬슨 · 엠마누엘 로젠 공저, 청림출판, 2015.

미디어를 통해 퍼지는 뉴스를 소비한다. 2016년 기준으로 우리 나라에서 가장 많은 사람이 본다는 C일보의 발행 부수는 125만 부에 불과하며, D일보와 J일보는 70만 부 내외이다. (2016년 ABC발행부수 발표자료 기준)

　최근 유튜브나 페이스북을 통해 기존의 광고 형식과는 다른, 이른바 병맛코드 또는 B급 정서라고도 불리는 형태로 제작되어 배포되는 광고 콘텐츠는 이 같은 트렌드를 반영하고 있다고 볼 수 있다. 하지만, 모든 기업이 이 같은 방식으로 마케팅을 할 수는 없다. 첫째는 비용의 문제 때문이고, 둘째는 인력과 아이디어의 문제 때문이다. 각각의 형태에 맞춰 콘텐츠를 직접 혹은 외주 제작해 배포하는 방식은 기존 4대 매체를 이용하는 것보단 적은 비용이 들겠지만, 여전히 많은 비용이 든다. 또 제작과 배포 등을 관리하는 인력도 기존에 비해 적게 들어간다고는 할 수 없다. 바로 이 지점에서 인플루언서 마케팅에 대한 필요성이 대두되었다. 즉, 기존의 광고 마케팅 비용보다 적은 비용과 적은 자원(인력, 콘텐츠 등)으로 좀 더 많은 소비자와 커뮤니케이션할 수 있는 방법을 찾게 된 것이다.

인플루언서,
플랫폼으로 **진화**한 **인플루언서 마케팅**

앞서 기업과 브랜드의 광고 매체 비중이 어떻게 달라지고 있는지, 왜 그런 현상이 벌어지고 있는지에 대해 간략히 살펴보았다. 실제로 비용을 집행하는 기업 및 브랜드는 소비자가 있는 곳에 돈을 쓴다. 이들은 매체 환경 변화를 가장 민감하게 받아들이고, 소비자가 어떤 것에 영향을 받는지에 조직의 촉수를 곤두세우고 있다.

그런 점에서 볼 때, 앞서 간단히 살펴본 기업들의 광고 매체 비중 변화, 모바일 시대 소비자들의 정보 수집 환경 변화 등은 인플루언서의 역할과 인플루언서 마케팅의 부상을 자연스럽게 설명한다.

특히, 2013년 12월 국내 최초로 애드픽www.adpick.co.kr 이라는 인플루언서 마케팅 플랫폼이 등장하면서, 인플루언서 마케팅은 의미 있는 마케팅 수단으로 자리 잡기 시작했다. 지금부터 이 책에서 언급하는 인플루언서 마케팅은 기존의 유명 셀럽을 활용해왔던 바이럴 마케팅으로서의 인플루언서 마케팅이 아닌, 애드픽 같은 인플루언서 마케팅 플랫폼을 활용한 인플루언서 마케팅을 의미한다는 것을 주지하고 읽어주길 바란다.

이제 인플루언서와 인플루언서 마케팅에 대해, 그리고 왜 지금의 인터넷 사용 트렌드가 기업과 브랜드로 하여금 인플루언서와 인플루언서 마케팅을 필요로 하는지 알아보자.

인플루언서

인플루언서Influencer는 말 그대로, 영향력을 가진 개인으로, 타인에게 영향력을 끼치는 사람을 의미한다. 지금까지 인플루언서라고 하면 연예인, 셀러브리티Celebrity, 셀럽, 유튜브에서 활동하는 유명 크리에이터 또는 과거 네이버 블로그에서 활동하는 상위 파워블로거 들을 일컫는 단어였다. 이들이 내뱉는 말 한마디, 이들이 쓰는 제품 및 장소에 대한 리뷰가 상품의 인지도, 호감도 및 판매에 큰 영향을 끼쳐온 것이 사실이다.

하지만 소비자들의 온라인 이용 활동이 왕성해지고, 온라인에서 이용하는 매체(혹은 플랫폼)가 다양해지면서 이들 소비자들에게 영향을 끼치는 인플루언서에 대한 정의도 바뀌고 있다.

과거의 셀럽, 유명 크리에이터 등의 단편적이고 획일적인 정의가
아니라, 인플루언서의 개별 영향력, 활동 범위 등을 구분해 인
플루언서 자체를 새롭게 정의하고 있다.

인플루언서
: 콘텐츠와 플랫폼

　　　　　　　　　먼저 인플루언서를 정의
하는 두 가지 특징이 있다. 바로 콘텐츠와 플랫폼이다. 인플루
언서는 타인에게 영향을 끼치는 사람이기 때문에, 자기만의 콘
텐츠 생산 능력을 가져야 한다. 온라인에서도 콘텐츠 저작권이
라는 개념이 생기면서, 타인이 소유한 이미지, 글 등을 가져다
쓰면 저작권법 위반으로 심각한 일에 휘말릴 수도 있는 것이 지
금의 온라인 세상이다.

· · 인플루언서 마케팅의 저작권 침해 사례 · ·

최근 모 인플루언서가 모바일 애플리케이션 다운로드를 촉진하는
광고 캠페인을 진행하며, 제목은 동일하지만 다른 소재의 이미지
를 임의로 가져다가 광고 캠페인을 홍보하는 콘텐츠에 사용했다.
이 일로, 해당 캠페인을 진행한 인플루언서는 캠페인을 진행하면
서 벌어들인 수익을 지급받지 못했으며(부정 홍보의 사례이기 때

문에), 원래 이미지의 저작권자는 비용 청구 및 소송 등을 통해 인플루언서에게 지급될 수 있었던 수익의 일부를 가져갔다.

다음은 플랫폼이다. 인플루언서는 페이스북, 블로그, 카페, 네이버 지식인, 유튜브 등 다양한 매체를 통해 자신의 콘텐츠를 퍼뜨린다. 이때 각 매체는 구독자를 보유한 상태에서 인플루언서가 제작한 콘텐츠가 많은 소비자에게 빠른 시간에 확산되도록 돕는 역할을 한다.

다시 말하면 인플루언서라고 정의하기 위해서는 콘텐츠와, 활동하는 플랫폼이 있어야 한다.

인플루언서의 분류

인플루언서를 그들의 활동 범위를 기준으로 했을 때 다음과 같은 그림으로 구분할 수 있다. 다만 주의할 점은 그림의 상단에 있다고 해서, 인플루언서의 영향력이 절대적으로 크다는 것은 아니다. 우리가 보는 것은 일반적인 기준에서의 영향력 크기이다. 즉, 프리미엄(매크로) 인플루언서가 마이크로 인플루언서보다 일반적인 기준으로 커다

제2의 월급 : 인플루언서 마케팅

란 영향력을 갖고 있지만, 절대적인 비교는 불가능하다는 것이다. 예를 들어, 아기 기저귀나 분유를 선택하는 데 있어 가정주부에게는 같은 아파트 옆집에 사는 아기 엄마가 전문가보다 더 큰 영향력을 발휘할 수도 있다.

아래 피라미드의 가장 위에는 크리에이터와 셀럽이라는 지금까지 우리가 인플루언서라고 불러왔던 집단이 위치하고 있다. 그리고 우리가 디지털이라고 부르는 온라인 또는 모바일에서 수많은 가입자(회원)를 보유하고 있거나 구독자를 보유하고 있는 온라인 카페, 페이스북 페이지, 블로그, 유튜브 채널 등의 운영자가 프리미엄(매크로) 인플루언서라고 할 수 있다. 마지막으로 일반 개인을 일컫는 마이크로 인플루언서들이 존재한다.

특히 프리미엄(매크로) 인플루언서들은 많은 구독자를 확보하고, 가입자(회원)를 유치하기 위해 다양한 콘텐츠를 만들어왔기

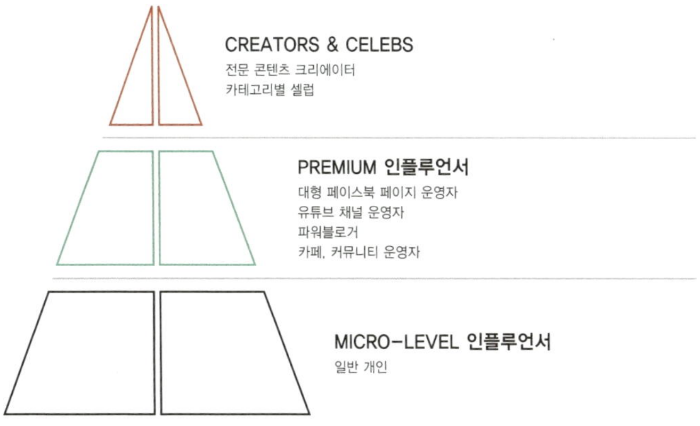

때문에 실제 마케팅 활동을 진행하는 데 있어서도, 좋은 콘텐츠와 넓은 도달 범위를 기반으로 다른 인플루언서들보다 큰 영향력을 끼친다.

이 같은 기준 외에도 어떤 활동을 하느냐에 따라 셀럽형 인플루언서와 마케터형 인플루언서로 구분하기는 하지만 일반적인 분류로 보기에는 어렵다.

인플루언서 마케팅

인플루언서 마케팅은 인플루언서를 활용하거나 인플루언서가 주도가 된, 즉 인플루언서를 매개체로 활용한 마케팅 활동을 말한다. 인플루언서 마케팅은 대체로 온라인을 통해 이루어진다.

인플루언서 마케팅을 말할 때 가장 많이 혼동하는 것이 기존의 바이럴 마케팅이다. 바이럴 마케팅 Viral Marketing은 대부분 블로거나 페이스북 페이지, 온라인 카페 등에 비용을 지불하고, 리뷰 콘텐츠와 광고 콘텐츠 제작 및 게재를 요청하는 것이다.

이러한 바이럴 마케팅이 이루어지는 절차는 다음과 같다.

(광고주/에이전시) 광고 캠페인 선정 → (광고주/에이전시) 리뷰 제작 블로거, 셀럽, 페이스북 페이지 등 선정 → (광고주/에이전

시) 대상자 접촉 및 비용 협의 → (인플루언서) 콘텐츠 제작 및 게재

반면, 인플루언서 마케팅(인플루언서 마케팅 플랫폼을 활용한 절차)은 다음과 같은 절차를 거친다.

(광고주) 광고 캠페인 선정 → (에이전시/플랫폼 운영자) 인플루언서 마케팅 플랫폼에 광고 캠페인 등록 → (인플루언서) 인플루언서들의 자발적 선택 → (인플루언서) 콘텐츠 작성 및 홍보 → (플랫폼 운영자) 홍보 콘텐츠 모니터링 후 불량 및 부정 콘텐츠 삭제 조치 → (플랫폼 운영자) 홍보 성과 추적 → (플랫폼 운영자) 성과분에 해당하는 비용 지급

인플루언서 마케팅 플랫폼을 활용한 마케팅과 기존 마케팅의 차이점

두 과정을 살펴보면, 인플루언서 마케팅이 기존의 다른 마케팅과 어떻게 다른지 알 수 있다.

첫째, 인플루언서 마케팅은 선별된 인플루언서에게 콘텐츠 제작을 의뢰하는 것이 아니라, 콘텐츠에 대한 최초의 가이드라인만 제시하고, 인플루언서 마케팅 플랫폼의 인플루언서들에게

콘텐츠 제작을 허용하는 것이다. 이 과정에서 비용은 지불되지 않는다.

둘째, 인플루언서 마케팅은 홍보 성과에 대한 트래킹(추적) 작업이 이루어진다. 바이럴 마케팅은 트래킹 작업이 어렵지만, 인플루언서 마케팅은 트래킹을 통해 홍보 성과를 측정하고, 측정된 홍보 성과에 대해서 비용이 지불되는 구조이다. 즉, 바이럴 마케팅은 콘텐츠 제작 및 게재에 대해 선불, 인플루언서 마케팅은 콘텐츠 제작 및 게재는 무료이고 콘텐츠를 통해 이루어진 성과분에 대해서만 비용 지불이 이루어지는 후불 구조라고 말할 수 있다. 성과분에 대한 기준은 사전에 광고주와 인플루언서 마케팅 플랫폼 사이에 홍보 성과에 대한 기준이 협의되고, 협의된 기준을 광고 캠페인과 함께 인플루언서들에게 안내한다. 이를 보고 인플루언서들은 캠페인을 진행할지 말지 선택하는 것이다.

같은 개념은 아니지만 유명인이나 파워블로거에 의존해 바이럴 마케팅을 진행하는 것과 인플루언서 마케팅 플랫폼이 등장한 이후 매크로(프리미엄) 인플루언서 및 마이크로 인플루언서 등 모든 규모의 인플루언서를 활용해 마케팅을 진행하는 것을 비교할 수 있는 마케팅 법칙이 있다. 바로 파레토 법칙과 롱테일 법칙이 그것이다.

이 법칙에 대해 간단히 말하면 파레토 법칙은 상위 20% 고객이 전체 수익의 80%를 올려주기 때문에 상위 20%에 집중해야

제2의 월급 : 인플루언서 마케팅

한다는 것이다. 반면 롱테일 법칙은 파레토 법칙에서 얘기하는 80:20에서 소외된 80%의 고객에서 상당한 기회가 존재한다는 것이다.

이를 인플루언서 마케팅에 대입해 설명하면 다음과 같다. 기존 유명인에 기대어 마케팅을 하면, 유명인의 블로그나 페이스북 페이지, 카페 등에 가입했거나 그것을 구독하는 회원에게만 도달하게 된다. 그러나 매크로(프리미엄) 인플루언서나 마이크로 인플루언서 등 다양한 인플루언서를 통해 마케팅을 진행하면 전자보다 다양한 계층의 소비자를 만날 수 있는 것은 자명한 일이다. 유명인에게 기대면 도달 집단이 명확해진다는 장점이 있겠지만, 도달 범위가 제한적일 것이고, 후자의 방법을 쓴다면 도달 범위는 넓어지겠지만, 도달 집단이 명확하게 구분되지 않고 광범위하게 퍼져 있다는 말을 들을 것이다. 하지만 최근에는 블로그, 페이스북, 카페 등 본인이 운영하는 커뮤니티나 SNS의 성격 규정을 통해 관심사가 비슷한 구독자나 회원을 연결하고 있기 때문에 도달 집단의 성격이 흐릿하다는 말은 틀린 말이 되었다.

•• 파레토 법칙과 롱테일 법칙 ••

– 파레토 법칙: 파레토 법칙 또는 80 대 20 법칙으로 불리며, '전체 결과의 80%가 전체 원인의 20%에서 일어나는 현상'을 가리

킨다. 예를 들어, 20%의 고객이 백화점 전체 매출의 80%에 해당하는 만큼 쇼핑하는 현상을 설명할 때 이 용어를 사용한다. 2 대 8 법칙이라고도 한다. 이 용어를 경영학에 처음으로 사용한 사람은 조셉 M. 주란이다. 이 용어의 이름은 '이탈리아 인구의 20%가 이탈리아 전체 부의 80%를 가지고 있다'고 주장한 이탈리아의 경제학자 빌프레도 파레토에게서 따왔다.

– 롱테일 법칙: 전통적인 시장에서는 어느 한 종목에서는 보통 잘 팔리는 상위 20%가 전체 매출의 80%를 차지한다고 하는 파레토 법칙에 따르고 있다. 따라서 한정된 공간과 자원을 가진 매장에서는 잘 팔리는 물건에 좀 더 집중하여 전시하는 경향이 있다. 즉, 일반적인 소매점의 경우 재고 및 상품 매장 진열 공간의 제한 문제로 인해 잘 팔리는 물품에만 집중하여 마케팅하고 나머지는 재고가 되어 처치 곤란한 경우가 많다. 그러나 인터넷 기술의 발달로 재고나 물류에 드는 비용이 종래보다 훨씬 저렴해졌다. 특히 일반적인 소매점에 비해 온라인 비즈니스의 경우 베스트셀러와 함께 그동안 간과되어온 비인기 상품에 대한 소비자의 진입 장벽을 낮출 수 있게 되었다. 아마존과 같은 인터넷 기반 기업에서는 이렇게 활성화된 틈새 시장이 매출의 20~30%에 육박하여 전체 이익면에서도 많은 부분에 기여하게 된 사례가 있는데 그리 많이 팔리지 않는 서적들이나 일부만이 좋아하는

제2의 월급 : 인플루언서 마케팅

종류의 음반이라도 효과적인 판매와 물류를 통해 많은 이윤을 창출할 수 있었다. 이러한 현상에서 전통적인 파레토 법칙에 반대되는 새로운 비즈니스 모델을 만들게 되었으며 이를 '롱테일 법칙'이라고 한다. 파레토 법칙과 반대되는 현상을 설명했다고 해서 역파레토 법칙이라고도 불린다. 사소해 보이는 80%의 다수가 20%의 소수 핵심보다 뛰어난 가치를 창출한다는 걸 강조한 개념이다. 2004년 IT잡지인 와이어드지 편집장인 크리스 앤더슨에 의해 소개되었다.

인플루언서 마케팅의 부상

앞서 제일기획의 자료를 인용해 전통적인 매체들(방송, 인쇄 등)의 광고비가 줄어든 반면 디지털 매체의 비중이 늘어난 것을 확인했다. 소비자들은 이제 TV나 라디오보다, 신문이나 잡지보다 PC나 모바일을 이용해 뉴스와 콘텐츠를 소비하는 시대가 되었다. 그리고 이 같은 소비자들의 매체 이용 행태에 따라서 기업이나 브랜드는 광고비를 디지털로 더욱 집중시키고 있다. 우리가 알고 있는 디지털 광고는 일반적으로 키워드 광고, 배너 광고, 프리롤(영상 콘텐츠에 앞서 재생되는 영상) 광고 등이 있다. 그리고 새로운 서비스가 지속적으로 나타나면서 광고 회사들이 그에 맞는 광고 상품을 만들어내기에 이르렀다. 예를 들어 네이버에서 지식인 서비스가 인기를 끌면서, 지식인의 질문과 답변을 이용해 상품이나 서비스를 홍보해주는 광고 상품이 나오는가 하면, 온라인 카페가 인기를 끌면서 온라인 카페를 대상으로 상품을 협찬하거나 콘텐츠를 게재하는 것을 중개하는 온라인 광고 회사가 생겨났다. 또, 블로그가 인기를 끌었을 땐 블로거와 기업을 연결해 블로그 포스팅을 게재하도록 해주는 회사도 생겨났다. 지금은 페이스북이 인기를 끌며, 많은 구독자를 거느리고 있는 페이스북 페이지들과 상품·서비스에 대한 콘텐츠 게재 등을 연결해주는 광고 회사도 성업 중이다.

이 같은 다양한 디지털 광고 상품의 등장은 시대의 트렌드와 소비자들의 콘텐츠 소비 행태 등을 적극적으로 반영하고 있다. 어떤 시기에 인기를 끌기 시작하는 온라인 또는 모바일 플랫폼이 등장하면 그것을 활용한 광고 상품은 반드시 등장한다.

그렇다면 인플루언서 마케팅은 무엇인가? 인플루언서 마케팅은 앞서 언급한 특정 플랫폼이나 매체의 인기와 맞물려 등장한 마케팅 상품이 아니다. 인플루언서 마케팅의 당사자인 인플루언서들이 활용하는 플랫폼과 매체는 블로그, 카페, 지식인, SNS, 게시판 등 그 경계가 없다.

인플루언서 마케팅의 핵심은 콘텐츠이다. 소비자들이 PC나 모바일로 소비하고 있는 콘텐츠는 다양한 매체의 다양한 플랫

제2의 월급 : 인플루언서 마케팅

폼을 통해 소비되고 있다. 특히, 지금의 소비자들은 하루에도 어마어마한 양의 콘텐츠를 접하기 때문에, 즉각적으로 신속하게 콘텐츠에 대한 판단을 내린다.

인플루언서 마케팅의 핵심은 인플루언서이다. 인플루언서가 제작하는 콘텐츠(상품에 대한 리뷰, 장소에 대한 소감, 기타 다양한 주제의 콘텐츠)의 질에 따라 소비자가 반응을 할 수도, 하지 않을 수도 있기 때문이다. 그리고 그 반응 여부에 따라 기업이나 브랜드는 인플루언서에게 비용을 지불하기 때문이다.

바로 이 두 가지 이유 때문에 인플루언서 마케팅은 디지털 마케팅 시대에 가장 인기 있는 마케팅 트렌드가 되어가고 있다. 지금까지 다양한 디지털 마케팅 방법이 있었고, 그들 중 많은 방법은 트래킹이라는 추적 기술의 발달로 목표로 하는 타깃을 향해 광고가 노출되거나, 소비자를 유혹할 만한 콘텐츠를 만들어왔다. 하지만, 이 방법들은 유효 타깃에게 광고 노출은 되지만 혹은 클릭은 유발하지만 실제 성과 전환(구매와 참여, 유지 등)이 이어지기까지는 효율성이 떨어졌다는 평을 받았다. 이것은 소비자가 기계적으로 노출되는 키워드, 배너, 영상 광고 등에 대한 관여도가 그리 높지 않다는 이유 때문이다. 또 소비자를 유혹할 만한 콘텐츠를 만들었다고 해도 도달 범위가 협소하거나, 제한적이라는 이유 때문이다. 한 번에 100명, 200명의 사람들에게 리뷰를 작성시키고 그것을 관리할 수 있는 시스템은 기존 방법으로는 어렵다.

이런 점에서 인플루언서 마케팅은 먼저 확산 속도면에서 차별적이다. 수십, 수백 개의 콘텐츠가 동시에 만들어져 온라인의 다양한 플랫폼으로 전파된다. 일정한 광고 예산 범위 안에서 성과가 나온 만큼 가져간다는 점, 광고 캠페인 자체가 시의성이 있다는 점에서 인플루언서들의 활동은 빠르게 효과적으로 이루어진다.

또 성과 전환 측면에서도 인플루언서 마케팅은 차별적 강점을 지닌다. 인플루언서의 콘텐츠에 호응해 자발적으로 클릭, 참여, 설치(애플리케이션) 등을 한 경우, 여타의 경우와 비교해 훨씬 높은 성과를 보인다. 이것은 바로 소비자들의 '자발적' 호응의 결과물이기 때문이다.

·· 애드픽(www.adpick.co.kr) ··

2013년 12월 국내에서 최초로 오픈한 인플루언서 마케팅 플랫폼이다. 애드픽은 2017년 9월 현재 47만 명의 인플루언서 파트너가 등록되어 있으며, 오픈 이후 현재까지 인플루언서에게 지급한 파트너 활동 수익은 약 160억 원을 넘었다. 애드픽을 운영하고 있는 ㈜오드엠(www.oddm.co.kr)은 2011년 설립되어 애플리케이션 마케팅 서비스인 '오늘만 무료! 팟게이트' 서비스를 런칭해 1,000만 다운로드를 일으키는 등 선풍적인 인기를 끌었다.

인플루언서가 되려면
어떻게 해야 할까?

인플루언서 마케팅이 인기를 끌고 있는 현재 디지털 세상에서 인플루언서가 되려면 무엇을 준비해야 할까?

앞서 인플루언서는 플랫폼과 콘텐츠 제작 능력을 갖추어야 한다고 언급한 바 있다. 하지만 플랫폼과 콘텐츠(제작 능력)에 앞서, 미리 언급한 것처럼 우리는 누구나 인플루언서가 될 수 있는 자질을 갖추고 있다. 누군가에게 들은 말을 전달하거나, 어디서 본 것을 얘기할 때 어떻게 하면 더 재미있게, 더 실감나게 전달할 수 있을까 고민해본 적이 있을 것이다. 그리고 친구와 물건을 사러 갔을 때 친구가 사려고 했던 물건을 포기하도록 하고, 내가 권하는 물건을 사게 만든 적도 있을 것이다. 그런 때를 생각해보자.

나는 친구를 어떤 말로 설득했는지 기억해보자. 나는 어떻게 얘기해서 주변인들을 더 웃기고, 주변인들이 더 탄성을 짓게 만들었는가? 바로 그런 포인트를 제대로 잡는 사람이 인플루언서이다. 앞에서, 인플루언서는 누군가에게 영향력을 끼치는 개인이라고 정의했다. 누군가에게 영향력을 끼치기 위해, 설득하기 위해 어떤 점을 잘 포착해 호소하는가가 핵심이다. 그리고, 그 설득 포인트를 각각의 온라인 플랫폼에 맞게 전달하는 것이 핵심이다. 예를 들어, 블로그에는 이미지와 글을 적절히 섞어가면서 전달하고, 페이스북은 이미지와 짧은 문구 등 각각의 플랫폼에 적절한 형태로 콘텐츠를 제작하면 된다. 그리고 그 내용과 방법은 이 책의 곳곳에 들어 있다.

곰곰히 생각해보자. 나는 과연 최근에 가족을, 친구를, 동료를, 새로운 고객을 설득하기 위해 어떤 말을, 어떻게, 언제, 무엇으로 전달했는지. 길에서 본 웃긴 장면을 설명하면서 거짓말처럼 느껴지지 않도록 약간의 과장을 섞어 실감나게 전달한 적이 있는가? 바로 그런 포인트를 찾는 것이 인플루언서로서 능력을 개발하는 것이다.

인플루언서의
수입

"인플루언서가 되면 얼마나 돈을 벌 수 있어요?"는 새롭게 인플루언서의 길로 들어서는 사람들이 대부분 물어보는 질문이다. 천차만별, 각양각색이라는 답이 가장 적절할 것이다. 다만 국내 1위 인플루언서 마케팅 플랫폼인 애드픽에 가입해 활동하고 있는 인플루언서들을 살펴보면 어느 정도인지 어림잡을 수 있을 것이다.

현재, 국내 최대 인플루언서 마케팅 플랫폼인 애드픽에 가입한 인플루언서는 모두 47만 명이 넘는데, 이 중 꾸준히 활동하면서 수익을 거둬가는 수는 약 9만 5천 명 정도이다. 특히 연 1천만 원 이상의 수익을 낸 인플루언서는 2016년 기준 106명으로, 이들의 평균 수익은 약 8천만 원이다. 이들의 사례는 인플루언서 혹은 인플루언서 마케팅이 단지 부업이 아닌 직업으로서 자리잡을 수 있다는 가능성을 보여준다.

모바일 시대에 필요한 새로운 직업

시대가 발전하면서 새로운 직업은 지속적으로 등장하고, 시대에 적응하지 못하는 직업은 사라져왔다. 모바일 시대는 이미 우리 앞에 와 있고, 모바일과 함께 자라고, 모바일을 함께 키우고 있는 세대가 지금의 2030 세대이다. 이 새로운 세대를 위해 모바일 시대에 맞는 직업으로 인플루언서 마케터를 권한다면 무리일까?

인플루언서 마케팅 플랫폼인 애드픽에서 활동 중인 상위 인플루언서 김모씨의 경우 29살의 나이에 지난 2년간의 활동을 통해 얻은 수익으로 최근 부모님께 집을 사드렸다고 한다. 그는 독립해 오피스텔과 고급 스포츠카를 사려고 했지만, 그것보다는 부모님 집을 바꿔드리는 것이 더 의미 있을 거라는 생각을 했다고 애드픽과의 인플루언서 인터뷰에서 말한 바 있다.

현재 김모씨 외에도 애드픽에서 활동하는 대부분의 상위 인플루언서들의 평균 나이는 30세 전후이다. 이들은 직업에 대한 익숙하고 보편적인 관념 대신 달라진 시대에 어울리는 새로운 직업을 꿈꾼다. 그리고 인플루언서가 바로 그 새로운 직업이다.

평범한 **회사원**에서 **CEO**로

오늘은 우리 애드픽과 함께하면서, 애드픽을 만들어가는 사람들인 인플루언서 중 한 명을 소개해보려고 합니다. 처음 시작은 개인 회원으로 시작하였으나, 점차적으로 성장을 해가면서 결국에는 마케팅 회사 창업으로까지 성장한 ㈜위드공감의 손유종 대표 이야기입니다.

Q. 자기소개 부탁드립니다.

안녕하세요. 애드픽 파트너로 활동 중인 ㈜위드공감의 대표 손유종입니다. 저는 마케팅 관련 업종에 5년 동안 몸담고 있다가 작년에 회사를 설립했어요.

Q. 애드픽의 인플루언서* 활동은 어떻게 시작하셨나요?

마케터로 일하며 애드픽에 관심이 있었어요. 실사용자가 자발적으로 리뷰를 작성하고 이를 배포하는 방식으로 진성 유저를 유입시키는 점이 매력적이었죠. 또한, 많은 광고주가 애드픽을 이용하고 계시더군요. 이런 서비스라면 오랫동안 시장에서 살아남을 수 있다고 생각했고, 이를 계기로 인플루언서 활동을 시작하게 됐어요.

Q. ㈜위드공감을 창업하시게 된 계기가 궁금해요.

애드픽에서 여러 캠페인을 진행하며 가장 좋았던 점은 '실시간 리포트'예요. 이를 통해 사람들이 접속하는 경로, 시간대, 성비에 적절한 정보를 제공할 수 있었죠. 덕분에 독자에게 좋은 반응을 얻으며 수익도 계속 증가했어요. 시장 상황이나 사업의 장래가 충분히 밝다고 생각해 창업을 결심하게 됐습니다.

Q. 현재 회사의 매출 규모 및 사업체 규모는 어떻게 되시나요?

㈜위드공감의 직원 수는 출퇴근 직원, 재택근무 직원, 작가, 관리자 등 모두를 포함하면 약 20여 명입니다. 직접 보유하고 있는 SNS, 블로그, 카페 등의 규모는 대략 2,000만 명 정

도 됩니다.

Q. 인플루언서로 활동하며 느낀 점을 공유해주세요.

사람들에게 진정성 있는 정보를 제공한다는 점, 또 저희가
제공하는 정보를 보고 사람들이 공감하고 반응하는 점에서
매력적인 일이라고 생각해요.

Q. 인플루언서로 활동하면 어떤 가치를 얻을 수 있을까요?

수익 창출은 물론, 바이럴 마케팅 전문가로 발돋움하기 위
한 초석을 다질 수 있습니다. 나아가 제2의 인생을 설계해볼
수도 있어요. 제가 마케터에서 법인 사업체를 운영하게 된
것처럼 말이죠.

Q. 예비 인플루언서가 준비해야 할 것, 애드픽에서 지원해주는
것은 무엇이 있으신가요?

인플루언서를 꿈꾸고 있다면, 현재 트렌드와 사람들의 반응
을 세밀하게 연구해야 합니다. 그리고 글쓰기 등 리뷰를 작
성하는 데 필요한 능력도 있으면 좋죠. 이런 역량이 부족한
분들은 인플루언서 활동을 시작하시는 데 고민이 많을 거
라 생각됩니다. 하지만 걱정하지 마세요. 애드픽 운영진이 직
접 인플루언서 관련 영상과 리뷰 작성 가이드라인을 제시해
주기 때문에, 어렵지 않게 마케팅 방향을 잡을 수 있습니다.

또한 질문에 대한 답도 빨라서 궁금증도 금방 해결할 수 있습니다.

Q. 후배 및 초보 인플루언서에게 하고 싶은 말이 있으시다면?

창업 경험을 토대로 말씀드리자면 지금 당장의 이익보다는 큰 그림을 그리고 차근차근 단계를 밟아가라고 전하고 싶습니다. 처음부터 무리하게 광고를 진행하면 당장의 이익은 얻을 수 있어도 다음으로 이어지지 않는 경우가 많거든요.

Q. 앞으로의 목표는 무엇인가요?

다양한 마케팅 플랫폼 개발과 해외 시장 진출을 통해 국내 최고의 바이럴 마케팅 광고 대행사로 거듭나고 싶습니다. 더불어 ㈜위드공감 마을을 만들어 직원 모두가 편안하게 일을 하는 회사를 만들고 싶습니다.

Q. ㈜위드공감에게 애드픽이란?

애드픽은 저희의 소울 메이트입니다. 과거에는 바이럴 마케팅의 길을 시작하게 해주었고, 현재 밥을 챙겨주는 소중한 존재이며, 미래에는 세계를 같이 호령할 것이기 때문이죠!

http://influencer.cafe

인플루언서가 된 **안경사**

　'애드픽을 만드는 사람들'의 두 번째 인물은 꾸준한 애드픽 활동으로 법인까지 설립하게 된 ㈜오빌의 대표님입니다. 안경사인 오빌 님이 애드픽을 통해 또 다른 삶과 미래를 꿈꾸게 된, 조금은 특별한 이야기를 우리 함께 들어볼까요?

Q. 자기소개 부탁드립니다.

　안녕하세요. ㈜오빌의 대표입니다. 저의 본업은 안경사입니다. 부업으로 애드픽과 기타 몇 개의 쇼핑몰을 운영하고 있습니다.

Q. 인플루언서 활동은 어떻게 시작하셨나요?

2015년 1월에 안경 사업을 확장하기 위해서 SNS를 시작했어요. 그 과정에서 우연한 계기로 애드픽을 알게 됐고, 이후 시간이 날 때마다 인플루언서 활동을 해왔습니다.

Q. 본업이 있음에도 불구하고 다른 분야로 창업을 하시게 된 계기가 궁금해요.

저의 경우 부업으로 애드픽을 시작했기 때문에 인플루언서 활동 초반에는 많은 시간을 투자하지 않았어요. 하지만 한두 달 지나고 투자한 시간에 비해 돌아오는 수익이 많다는 것을 깨달았죠. '돈을 버는 데 이만큼 효율적인 사업이 있을까?'라는 생각이 들었고 이를 계기로 창업을 결심하게 됐습니다.

Q. 현재 회사의 매출은 어느 정도인가요?

회사 매출은 창업 이후로 꾸준히 상승세를 그리고 있습니다. 현재는 다른 사업으로까지 확장해 나가고 있고, 그 시너지로 인해 성장 폭은 더 커질 것으로 예상하고 있습니다.

Q. 인플루언서로 활동한 후 삶에 어떤 변화가 있으셨나요?

사실 인플루언서로 활동하기 전, 재테크라고는 적금을 열심히 붓는 것밖에 모르던 평범한 직장인이었어요. 하지만 이제는 1인 기업 대표로서 이전보다 더 큰 미래를 그리며 살고 있습니다.

신중하게 생각하셔야 해요. 개인사업자에서 법인사업자로 변환할 때, 설립 절차도 복잡하고 자금 유동도 자유롭지 않거든요. 그래도 법인 설립을 꿈꾸고 계신다면 '지금의 매출을 지속할 수 있는가?'를 따져보세요. 법인으로 전환했지만, 수익이 일정하지 않거나 개인사업자보다 못하다면 굳이 법인으로 전환해야 할 필요가 없다고 생각합니다.

Q. 애드픽과 파트너십은 어떤가요?

애드픽은 성과에 따른 회원 레벨 시스템을 적용하고 있습니다. 하지만 성과가 아무리 좋아도 홍보 활동이 정직하지 않으면 가차 없습니다. 출처가 확인되지 않는 곳에서 반복적으로 수익이 발생할 경우, 블랙 파트너로 지정되기도 합니다. 저 또한 인플루언서 활동 초기부터 이 점을 잘 알고 있었습니다. 그래서 항상 신경을 쓰고 있지만 아직도 부족하기 때문에 카톡 혹은 이메일을 통해 많은 피드백을 얻고 있습니다.

철저한 모니터링 외에도 애드픽은 인플루언서에게 편의를 제공하기 위해 항상 노력해요. 그래서 제가 요구 사항 혹은 개선사항을 말하면 바로 해결해줍니다.

애드픽에서 인플루언서 활동을 처음한 날이 떠오르네요. 4,000 포인트를 벌고 '이렇게 한 달만 벌면 10만 원이네'라는 생각에 빠져 기분이 들떠 있었죠. 이후에 매출이 오를 때도 있었고 주춤할 때도 있었지만, 꾸준히 활동해서 지금까지 오게 되었습니다. 이런 제 경험을 통해 조언을 해드리자면 두 가지로 나눌 수 있습니다.

첫째, 투잡의 시작은 애드픽!

창업이 필수는 아니에요. 누구나 애드픽에서 인플루언서로 활동할 수 있죠. 홍보 콘텐츠 제작은 컴퓨터 한 대 혹은 핸드폰으로도 할 수 있거든요. 더불어 시간 제약도 없으므로 투잡으로 하기에 적합한 것 같아요.

둘째, 끊임없이 도전하라!

장사하면 잘되는 날이 있고 안되는 날이 있잖아요. 애드픽도 마찬가지예요. 결과가 잘 나오는 날도 있고 그렇지 않은 날도 있어요. 하지만 애드픽은 빚을 지고 시작하는 장사와 다르게 손해 볼 게 없죠. 그래서 인내심을 가지고 꾸준히 하다 보면 언젠가 빛을 보게 될 것입니다.

Q. 앞으로의 목표는 무엇인가요?

'오빌'을 영어로 하면 'one billion'이라고 써요. '1년에 10억'
이라는 뜻을 담고 있어요. 제 목표이기도 합니다. 더불어
활동을 더 열심히 해서 오프라인 매장도 만들어보고 싶습
니다.

Q. 나에게 애드픽이란?

제게 애드픽은 '로또'입니다. 로또에 당첨된 사람들이 새로
운 삶을 꿈꾸잖아요. 저도 애드픽을 만나고 새로운 꿈을 꾸
게 됐고 이를 위해 열심히 살고 있기 때문에 애드픽을 로또
라고 말할 수 있습니다.

http://influencer.cafe

제2의 월급 : 인플루언서 마케팅

애드픽으로 2개월 만에
학자금을 갚은 대학생

'애드픽을 만드는 사람들',
세 번째는 인플루언서 sdm 님의 이야기로 꾸며집니다. 평범한
대학생이 애드픽을 통해 마케팅의 재능을 발견하게 되고, 더 큰
자신감을 얻게 되었다는 기분 좋은 스토리를 만나보시죠!

Q. 자기소개 부탁드립니다.

안녕하세요. 저는 평범한 27세 대학생입니다. 취업 준비를
하던 중, 우연히 '애드픽'을 접하게 되었고, 저도 모르는 사
이 '애드픽'에 푹 빠져 요즘 바쁜 나날들을 보내고 있습니다.

Q. 애드픽에서 인플루언서로 활동하게 된 계기가 궁금해요.

정말 우연한 기회로 '애드픽'을 알게 됐어요. 어떤 분이 게임

설치 및 게임 사전예약을 부탁해서 했는데…. 그분이 부탁한 이유가 나중에 확인해보니 애드픽 활동을 위한 것이더라고요. 그때 처음으로 애드픽을 알게 됐는데 제가 보기에도 정말 매력적이었어요. 그 일을 계기로 바이럴 마케팅을 하는 인플루언서로 활동하게 됐어요.

이후 다양한 CPI 업체에서 활동했지만 애드픽이 보상 및 관리가 가장 체계적이고 투명하다고 생각돼서 이곳을 중심으로 활동하고 있습니다.

Q. 인플루언서 활동을 하는 데 있어 어떤 홍보 채널을 사용하고 있어요?

저는 블로그, 카페, 지식인, 페이스북 등 다양한 SNS 채널을 통해 인플루언서 활동을 하고 있어요. 그 결과 이번 해 1월부터 5월까지 약 3천만 원의 수익을 냈습니다.

Q. 인플루언서로 활동한 후 삶에 어떤 변화가 있었나요?

가장 골칫거리였던 학자금 문제를 해결했어요. 취업 후에 천천히 갚을 생각이었는데 본격적으로 애드픽을 시작하고 2개월 만에 다 갚았어요. 또한 이전에는 적금이라는 것을 생각해보지도 못했는데 이제는 여러 재테크도 하고 있고, 금전적인 이유로 포기했던 취미 생활도 즐길 수 있는 여유가 생겼어요. 무엇보다 자신감이 생겼어요. 원래 회계사 시험을 준비했었

제2의 월급 : 인플루언서 마케팅

는데, 매번 시험에 떨어지니까 자신감이 많이 떨어지더라고요. 하지만 애드픽을 시작하며 자신감도 생기고 스스로 성장하는 저를 발견하게 됐죠.

없다고 한다면 거짓말이죠. 제 성격상 한 가지 일에 꽂히면 그 일만 하는 성격이라, 학업과 인플루언서 활동 두 가지를 병행하는 것이 정말 어려웠습니다. 공부하다가도 머릿속에는 어느새 애드픽만 생각하고 있더라고요. 그렇다고 제 본분인 공부를 포기할 수는 없었어요.

다행스럽게도 제가 너무 한 가지에만 치우치지 않도록 여자친구가 많은 조언을 해주었어요. 그뿐만 아니라 인플루언서 활동도 잘 이해해주고 여러 가지 도움을 많이 주었죠. 덕분에 정말 중요한 시기였던 4학년 1학기 때 성적우수 장학금을 받게 되었고, 애드픽 활동도 열심히 할 수 있었죠. 제게는 잊을 수 없는 시기가 되었어요.

다른 업체에서 볼 수 없는 독특한 캠페인이 많아서 좋습니다. 애드픽에 가면 CPI 말고도 CPC, CPA, 동영상 조회 등 수십 가지의 독특한 캠페인들이 365일 기다리고 있어요. 캠페인 나름대로 저마다의 매력이 있고, 다양한 유형의 캠페인들을 골고루 진행하다 보면 마케팅적 소양도 함께 길러지는 것을 느낄 수 있습니다.

Q. 애드픽 회원이 되면 별도의 모니터링 관리도 받는다고 들었어요.

애드픽 회원은 오드엠의 철저한 모니터링에 의해 체계적으로 관리되고 있어요. 그래서 부적절한 방법으로 활동하는 사람이 있더라도 초기에 발견되죠. 정도에 따라서는 '계정정지' 등의 강력한 징계를 주는 것으로도 알고 있어요.

저 같은 경우도 활동 초반에는 애드픽 담당자에게 각종 피드백을 받았거든요. '운영자가 나를 싫어하나?'라고 생각할 정도였으니까요. 하지만 파트너들이 올바른 마케팅 활동을 통해 건강하게 성장할 수 있도록 운영진들이 수백 가지나 되는 콘텐츠를 하나하나 검수하면서 피드백을 주시는 거였어요. 정말 깜짝 놀랐습니다.

Q. 좋은 인플루언서로 성장하기 위해서 갖추어야 할 조건이 있으신가요?

'직접 부딪히고 느끼기'식의 마인드가 중요한 것 같아요. 저는 인플루언서 활동을 하면서 실천의 중요성을 많이 느꼈습니다. 그래서 그때그때 생각나는 것을 바로 실천에 옮기려고 노력했어요. 또한 '아! 이 콘텐츠는 이렇게 홍보해볼까?'라는 생각이 떠오르면, 메모장에 바로 적어두고 추후에 적용해보는 습관을 길렀어요. 자신만의 실천력을 높이는 팁들을 가지고 있으면 성장하는 데 많은 도움이 되리라 생각합니다. '안되면 어떡하지?'란 생각은 최소한 몸으로 부딪혀보고 난 뒤에 판단하세요. '생각만' 하는 것은 인플루언서로서 가장 피해야 할 나쁜 습관인 것 같아요.

애드픽 활동 초반에는 뚜렷하지 않은 결과에 힘이 들고, 지칠 때도 있을 거예요. 그러다 보면 '이게 정말 수익이 되는 걸까?'란 의구심도 들겠죠. 인플루언서 활동은 원래 자신이 노력한 만큼만의 수익이 생겨요. 수익을 많이 내고 싶다면 그만큼 애드픽에 푹 빠져보세요. 자는 시간 빼고 모든 시간을 투자해보면 그만한 수익이 보장되는 곳이니까요. 그럼 분명히 발전하는 자신을 만날 수 있을 거예요. 그리고 인플루언서 활동은 절대 쉽지 않아요. 하지만 오드엠은 여러분이 노력한 만큼 보상할 것이고, 그 보상은 매우 달콤하다는 것! 이 글을 보시는 여러분들이 꼭 기억해두셨으면 합니다.

http://influencer.cafe

페이스북은 현재 가장 많은 사람들이 이용하는 SNS 중 하나이며, 제공하고 있는 서비스 및 그 후의 알고리즘은 시시각각 업데이트되고 있다. 따라서 지금 여기서 다루는 내용들은 시간의 흐름에 따라, 페이스북의 정책 변경에 따라 일부 다른 내용이 있을 수 있다. 또한 SNS 마케팅이라는 것이 가장 최첨단 마케팅 방법이며 굉장히 방대한 영역을 아우르고 있기 때문에 여기서 세부적인 테크닉과 노하우를 모두 다 이야기하기에는 무리가 있음을 인정하지 않을 수 없다.

SNS 마케팅 실전

페이스북 페이지란 무엇인가?

페이스북 개인 계정 vs 페이스북 페이지
(FaceBook Personal Account vs FaceBook Page)

페이스북에는 페이지Face Book Page라는 것이 있다. 이것은 페이스북에 가입한 개인 이용자라면 누구에게나 기본적으로 제공되는 '개인 계정Personal Account'과는 다른 개념이다. 개인 계정은 말 그대로 개인 이용자가 자신의 일상 속에서 벌어지는 다양한 사건과 생각을 공유하고 소통하는 공간이다. 이런 개인 계정으로 접속했을 때, '담벼락' 또는 '타임라인TimeLine'이라 불리는 공간을 통해 다양한 정보를 얻고, 다른 이용자들과 온라인상의 관계를 맺고 소통을 한다. 그리고 이렇게 개인 계정끼리 연결되어 서로 간의 소식과 내용을 소통하는 관계를 '페이스북 친구'라고 부른다.

페이스북 개인 계정 타임라인

반면 페이스북 페이지는 이와는 다른 기능을 수행하는 목적으로 만들어졌는데 개인이 아닌 특정 단체, 법인, 브랜드 등이 자신들의 목적에 맞게 콘텐츠의 제작 및 유통을 전문적으로 할 수 있도록 관련 기능이 특화되어 만들어진 서비스이다. 개인 계정의 주목적은 자신과 관계를 맺은 친구들과 정보를 소통하는 것이라면, 페이지의 주목적이 자신이 생산 또는 유통하는 콘텐츠를 좀 더 쉽게 전파하고 그에 대한 피드백을 쉽게 받을 수 있도록 하는 것이다. 그리고 페이지에서 유통되는 콘텐츠를 받아볼 수 있도록 페이지의 활동에 참여하는 사람들을 '팔로워Follower'라고 부른다.

위 화면은 현대자동차의 공식 페이스북 페이지이다. 개인 계정과의 차이점은 개인 계정에는 '친구'의 숫자가 나타나는 데 반해 페이지에는 '좋아요를 누른 사람들', 즉 '팔로워'의 숫자가 표시가 된다. 화면에서도 볼 수 있듯이 현대자동차의 팔로워는 총 25만 명이 넘는다.

이 이야기는 현대자동차의 페이스북 페이지에서 새로운 콘텐츠가 올라오면 기본적으로는 최대 25만 명에게 도달될 수 있다는 것을 의미한다(물론 이것은 어디까지나 기본적인 이야기이며, 실제 도달되는 숫자는 이보다 형편없이 적을 수도, 이를 훨씬 초과할 수 있다. 이와 관련된 좀 더 심도 깊은 이야기는 뒤에서 다루도록 하겠다).

페이스북 페이지 vs 블로그
(FaceBook Page vs Blog)

앞서 살펴보았듯이, 페이스북 페이지는 어떤 측면에서는 블로그와 유사한 부분이 있다. 페이스북 개인 계정과 같은 경우, 이용자 개인의 실제 인격이 온라인상에서 확장된 개념이 강하다. 오프라인에서의 인맥이 페이스북 내에서 연장되기도 하며, 그에 더해서 페이스북 내에서만 연결된 인맥도 존재한다. 이런 상황에서 이용자가 개인 계정에 작성한 콘텐츠들은 해당 계정 소유자인 실제 개인의 정보를 바탕으로 해석되고 소비된다(오프라인 생활 속에서 점잖은 이미지를 가지고 있는 한 개인이 페이스북상에서 성인 콘텐츠를 자주 유통하고 접촉한다면 그 개인의 실제 인격에 대해서 새롭게 해석되는 부분이 있는 것과 동일하다).

반면 페이스북 페이지나 블로그는 실제 운영자와 별개의 존재로 운영되며 기능을 수행한다. 앞서 예시였던 '현대자동차'의 페이지에서 올라온 콘텐츠는 해당 콘텐츠를 작성 및 업로드한 개인이 실제로 누구인지와 관련 없이 '현대자동차' 법인의 공식 의견과 동등한 것으로 간주된다. 따라서 개인 계정에서 유통되고 소비되는 콘텐츠는 일상의 가벼운 내용들 위주로 구성되고 콘텐츠의 수명 역시 짧다는 특징을 갖는 반면, 페이스북 페이지나 블로그는 좀 더 전문적인 내용의 콘텐츠가 올라오게 되고, 콘텐츠의 질적 수준도 개인 계정의 콘텐츠보다 높은 수준을 보이는 것이 일반적이다.

반면 페이지와 블로그의 가장 큰 차이점은 콘텐츠가 전파되는 방식에 있다. 페이지는 능동적인 방식으로, 블로그는 수동적인 방식으로 전파가 되는데, 페이지의 경우 운영자가 콘텐츠를 올리면 페이스북에 접속한 팔로워들의 타임라인에 보이게 된다. 이후 팔로워들이 해당 콘텐츠의 공유 확산에 참여하는 정도에 따라 더 넓게 퍼지게 된다. 이렇듯 페이지 운영자는 자신이 올릴 콘텐츠가 언제 누구에게 전달될지를 어느 정도 컨트롤할 수 있는 반면, 블로그는 수동적인 콘텐츠 유통 구조를 가지고 있다. 블로그 운영자가 새로운 콘텐츠로 포스팅을 올렸다 해도, 사람들이 그 콘텐츠를 접속해서 보는 경우는 그리 많지 않다. 블로그의 경우에는 콘텐츠가 작성이 되면 일단 검색엔진에 등록이 된다. 이후 다른 사람들이 관련 키워드를 가지고 검색을 할 경우 검색엔진 결과 값에 노출이 되고, 사람들이 이 콘텐츠와 관련된 내용으로 검색을 할 경우에만, 콘텐츠가 담긴 블로그 글이 노출이 되면서 사람들에게 도달된다. 따라서 블로그에 올라오는 콘텐츠는 작성 시점에서부터 사람들에게 도달되기까지 상대적으로 더 오랜 시간이 걸리고, 콘텐츠의 수명도 더 긴 것이 일반적이다. 이런 이유로 블로그에 올라오는 콘텐츠는 시간이 지나도 크게 변하지 않는 내용으로 구성이 되어야 이용자들에게 혼동을 주지 않는다.

	블로그	페이스북 페이지
유사한 점	소유자는 매체(블로그/페이지)와 분리된 존재 일회성 소재보다는 조금 더 깊이 있는 콘텐츠 유통 특정 주제나 카테고리로 분류됨	
다른 점	검색엔진에 종속됨 콘텐츠 전파가 수동적 콘텐츠 수명이 상대적으로 긴 편	페이스북에 종속됨 콘텐츠 발행 시점, 도달 컨트롤 가능 (최적의 타이밍에 전파 가능) 콘텐츠의 수명이 짧고 휘발성이 강함

페이스북 페이지와 블로그 비교

제2의 월급 : 인플루언서 마케팅

페이스북 페이지에서 **콘텐츠 전파**

콘텐츠 전파의 기본 알고리즘
– 엣지 랭크와 인게이지먼트

앞서 말했듯이 페이스북 페이지는 콘텐츠를 전파하는 데에 최적화 되어 있지만, 콘텐츠를 유통시키는 페이스북의 알고리즘을 잘 이해하는 것도 중요하다.

물론 페이스북의 콘텐츠 전파 알고리즘은 수시로 변경이 되고 있다. 아마 당신이 이 글을 읽는 순간에도 계속해서 바뀌고 있을 것이다. 그래서 이번 장에서는 정확한 알고리즘을 설명하기 보다는 큰 개념적인 측면에서만 다루도록 하겠다. 좀 더 자세한 알고리즘은 본인이 직접 테스트를 하거나 다른 심도 있는 자료들을 직접 찾아보면서 연구하는 것이 필요하다.

페이스북 페이지에서 가장 중요한 것은 '도달Reach'이다. 페이스북을 이용하는 개인들은 각자가 수많은 친구들과 관계를 맺고 있고 또 수많은 페이지들을 팔로우하고 있다. 이들의 타임라인은 매 순간마다 친구들과 페이지들이 생산해내는 콘텐츠들로 늘 가득하고, 이것을 적절하게 배분해서 보여주는 것, 즉 '어떤 콘텐츠를 어떤 순서로 보여주는가?'가 페이스북의 핵심 노하우이다. 콘텐츠들의 노출 순서와 빈도 관리를 소홀히 할 경우 개인 이용자들의 타임라인은 수많은 내용들로 뒤죽박죽이 되어버리기 때문이다.

그래서 페이스북은 어느 한 개인이 관심을 가지고 싶어할 만한 콘텐츠들을 선별해내어, 순차적으로 도달을 시켜준다. 이러한 알고리즘의 총칭을 '엣지 랭크Edge Rank'라고 한다.

이 알고리즘 내에는 수많은 로직들이 들어가있지만, 가장 중요한 것은 '관계성'이라고 번역될 수 있는 '인게이지먼트engagement'라는 항목이다.

이용자 A가 있다고 가정을 해보자. 이용자 A는 평소에 특정한 페이지 B에서 올라온 글에 대해 반응을 꾸준하게 보이고, '좋아요'도 누르고 콘텐츠에 대해 공유도 하고 댓글도 달았다. 이렇게 특정 페이지 B에서 꾸준하게 좋은 반응을 보였을 때, 다시금 페이지 B에서 새로운 콘텐츠가 올라온다면, 이 콘텐츠는 이용자 A가 좋아할 만한 내용일 확률이 높다.

그래서 이용자 A에게는 페이지 B의 콘텐츠가 더 자주 더 많이 노출이 될 것이다. 그리고 이런 긍정적인 반응 관계가 지속

된다면, 시간이 흐를수록 이용자 A는 페이지 B의 콘텐츠에 더욱 적극적으로 참여하게 될 것이다(인게이지먼트 지수가 높아진다는 것을 의미한다).

그러다가 어느 순간부터 페이지 B에서 올라오는 콘텐츠가 이용자 A의 흥미를 일으키지 않는다면 어떻게 될까?(페이지 B의 운영자 교체, 외부 환경의 변화, 이용자 A의 관심사 이동 등 이런 원인은 다양하게 존재한다)

페이스북은 처음에는 인게이지먼트 지수가 높은 이용자 A에게 페이지 B의 콘텐츠를 자주 노출시켜주지만, 이용자 A가 별다른 반응을 보이지 않는다면, 서서히 노출 빈도를 줄이면서 다른 콘텐츠들의 노출 빈도를 높여준다. 그렇게 페이지 B가 이용자 A의 관심사에서 점점 멀어진다면 결국 나중에는 매우 낮은 빈도로만 페이지 B의 콘텐츠를 보여줄 것이다. 이렇듯 한번 관계가 멀어지기 시작한다면 이를 다시 회복시키기란 정말 어려운 일이 된다.

이것이 이용자의 인게이지먼트에 따른 페이스북 콘텐츠 도달 알고리즘의 기본 원리이다.

따라서 페이스북 페이지를 효율적으로 관리한다는 것은 지속적으로 자신의 페이지 팔로워들이 좋아할 만한 콘텐츠를 꾸준히 작성해주고, 그들의 피드백에 적극적으로 반영하면서 팔로워들의 인게이지먼트 지수가 떨어지지 않고, 상승되도록 지속적으로 관리한다는 것이다.

페이스북 페이지의
콘텐츠 도달 방식 들여다보기

페이스북 페이지에 새로운 하나의 콘텐츠가 올라가면, 페이스북은 그 콘텐츠를 해당 페이지에 평소 인게이지먼트 지수가 높은 팔로워들 중 일부에게 노출한다. 그 수는 정확하지는 않지만 대략 전체 팔로워의 10~15% 정도에 해당하는 인원이라고 추정되고 있다.

그리고 해당 콘텐츠가 이런 소수에 해당하는 상위 사용자 그룹에게 좋은 참여를 이끌어낸다면(좋아요 클릭, 댓글, 공유 등) 페이스북은 두 번째로 인게이지먼트 지수가 높은 팔로워들에게 2차적으로 노출을 시켜준다. 그리고 이런 2단계 팔로워 그룹에게도 마찬가지로 좋은 반응을 이끌어낸다면, 페이스북은 이 콘텐츠를 팔로워들에게 높은 가치를 주는 '양질의 콘텐츠'로 평

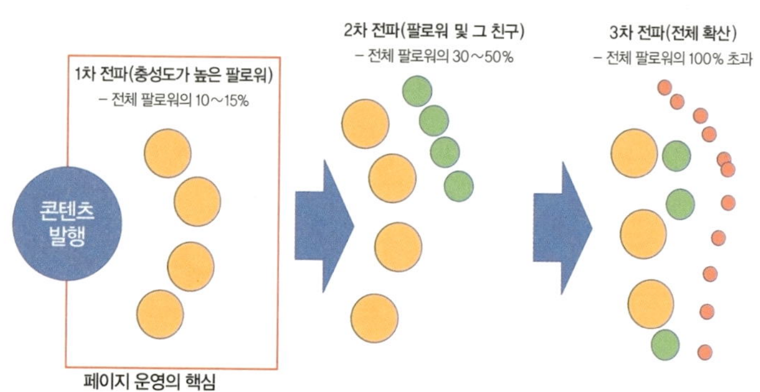

페이스북 페이지의 콘텐츠 전파 방식 개념도

제2의 월급 : 인플루언서 마케팅

가를 하고, 특별한 제한 없이 많은 사람들에게 자유롭게 노출이 되도록 한다.

따라서 우리가 흔히 말하는 '페이지 운영'이라는 것은 바로 이 콘텐츠가 최초로 전파되는 충성도가 높은 팔로워에게 1차 도달률을 높이는 것이다. 공유와 확산이 자유로운 페이스북 특성상, 2차·3차의 전파는 사실상 우리의 통제력을 벗어나는 일이다. 콘텐츠의 유행과 확산은 수많은 변수에 의해 영향을 받기 때문이다. 하지만 우리가 양질의 콘텐츠를 지속적으로 생산해 1차 전파 대상인 충성도가 높은 팔로워 그룹의 만족도를 지속적으로 높여준다면, 이들은 상대적으로 그다음의 콘텐츠에 대해서도 긍정적인 반응을 보여줄 수 있으며, 이로 인해 우리의 콘텐츠 전파력을 높일 수 있게 되는 것이다.

페이스북 페이지의 콘텐츠 1차 도달률 높이는 법

페이스북 페이지의 콘텐츠 1차 도달률을 높이는 방법은 크게 두 가지가 있다. 첫 번째 방법은 페이스북에서 제공하고 있는 '광고 기능'을 사용하는 것이다. 적절한 타기팅targeting과 이용자들의 눈길을 사로잡을 수 있는 콘텐츠만 마련된다면 페이스북 광고는 콘텐츠를 도달시키는 가장 강력한 도구가 된다. 지금 현재 나의 페이지에 팔로워

수가 많지 않다 하더라도 광고에서 설정한 타기팅에 의해 적합한 대상에게 콘텐츠를 노출시키기 때문이다.

하지만, 이렇듯 페이스북 광고 시스템을 이용하는 것은 가장 효과적인 방법인 동시에 가장 비싼 방법이다.

콘텐츠의 특징과 타깃의 특성에 따라 천차만별이지만, 일반적으로 콘텐츠 광고를 진행했을 때 1명에게 도달 노출하는 비용이 2~20원이다. 이 경우 만 명에게 도달시키기 위한 예산은 2~20만 원이 된다. 이 가격은 한 개의 콘텐츠를 유통시키려고 할 때 필요한 비용으로, 콘텐츠를 계속해서 작성하고 유통하는 입장에서는 이 비용은 천문학적으로 늘어날 수밖에 없다.

하지만 광고 시스템이 가지고 있는 기능이 워낙 막강하기 때문에 완전히 사용을 배제할 수 없고, 페이지가 보유하고 있는 팔로워들과 콘텐츠 특성에 맞게 효율적으로 사용하는 전략이 필요하다.

두 번째로 1차 도달률을 높이는 방법은 바로 페이지를 '양질의 페이지'로 만드는 것이다. 여기서 양질의 페이지로 만드는 방법은 다시 두 가지로 나뉜다. ① 페이지의 전체 팔로워 수를 늘리는 것, ② 콘텐츠에 적극적인 반응을 보이는 충성도가 높은 팔로워를 최대한 많이 확보하는 것이다.

　　위 두 페이지는 다 2016년에 캐논에서 제작한 동영상 광고를 업로드한 결과이다. 캐논 공식 페이지에 올라온 영상은 좋아요가 1,414개, 댓글은 227개, 공유는 570회, 조회는 3만 7천 회가 되었다. 반면 캐논과 아무런 상관이 없는 페이지에 올라온 영상은 좋아요 1만 개 이상, 공유는 6,769회, 조회는 51만 회라는 압도적인 차이를 보이고 있다(참고로 '30대의 게임' 페이지의 팔로워 수는 2017년 현재 기준으로 1만 1천 명이 약간 넘고 있으며, 캐논 코리아 페이지의 팔로워 수는 21만 명이다). 이 두 가지 사례를 볼 때 페이지 타기팅에 최적화된 열성적인 팔로워를 확보한다면 전체 팔로워 숫자가 부족하더라도 충분히 강력한 효과를 보일 수 있다는 것을 알 수 있다.

페이스북 마케팅 따라 하기

페이스북 페이지 만들기
기초 단계

페이지 운영의 목표 타깃 설정하기

우리가 페이지를 운영하는 목적은 우리의 콘텐츠를 특정 대상에게 도달시키고, 그 콘텐츠로 인해 그 대상들로 하여금 특정한 반응을 보이도록 하는 것이다. 따라서 우리가 먼저 설정해야 하는 것은 페이지의 도달 대상자를 누구로 잡을 것이냐 하는 것이다. 우리는 단순히 콘텐츠를 소비하는 관객이 필요한 것이 아니고, 우리의 마케팅 활동에 반응을 보일 고객이 필요하다. 그리고 우리가 페이지를 운영한다는 것은 그런 미래의 잠재 고객들을 떠나가지 않도록 붙

잡아두며 관리를 하기 위함이다. 따라서 페이지의 대상 타깃들은 마케팅 대상으로 설정한 고객군에서 크게 벗어나지 않도록 설정해야 한다. 특히 nCPI* 애플리케이션 마케팅을 페이지를 통해 진행하려고 할 때에는 더욱 타깃 고객이 중요하다.

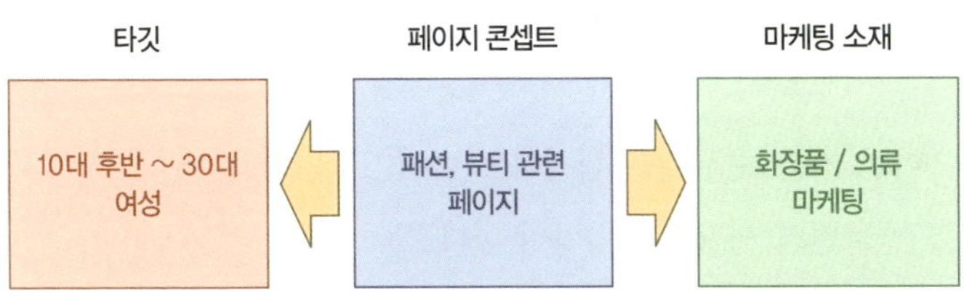

페이지에서 콘텐츠 전파 방식 개념도

그리고 한번 페이지의 콘셉트를 정해놓으면 이후에는 이를 바꾸기란 매우 어렵다. 앞서 말했듯이 한번 페이지에 콘텐츠가 올라가고 이에 대해 반응을 보인 팔로워들이 있는 상황이라면, 기존 콘셉트와 어울리지 않는 새로운 콘텐츠가 올라왔을 때에, 초기 반응을 보일 충성도가 높은 팔로워들이 이에 대해 적절한 반응을 하지 않을 확률이 매우 높기 때문이다.

페이스북 페이지를 처음 만들 때 고민해야 할 질문들

① 내가 지속적으로 생산 및 유통할 수 있는 콘텐츠는 어떤 주제인가?

---

* nCPI(Non-Incentive Cost Per Install) 비보상 설치형 광고 상품

② 콘텐츠를 좋아하고 소비할 수 있는 타깃 고객층은 누구인
  가?

③ 타깃 고객층에게 어필할 수 있는 페이지 콘셉트는 어떤 것
  인가?

④ 궁극적으로 마케팅을 할 내용과 부합하는 콘셉트인가?

이런 기본 콘셉트를 확정하고 나면 그다음에는 실제 페이지
를 만들면서 세팅을 해나가야 한다.

페이지 개설 및 세팅 따라 하기

페이스북에서 페이지를
만드는 메뉴는 개인 화면의 왼쪽 사이드바 메뉴 중 '둘러보기'
섹션에 위치해 있다.

페이지 메뉴를 클릭하게 되면 '페이지' 화면으로 이동하는데 그곳에서 페이지를 만들 수 있다.

'페이지 만들기'를 클릭하게 되면 이제 본격적으로 페이지를 만들고 세팅하는 화면으로 넘어가게 된다.

여기서 자신이 만들 페이지에 대한 기본 설정을 하게 된다. 여기서 페이지의 대분류를 정할 수 있다. 대분류에서 정확하게 일치하지 않는다 하더라도, 최대한 비슷한 카테고리의 페이지를 선택하면 된다. 여기서는 예시를 위해 '엔터테인먼트'를 선택했다.

매장 또는 장소

회사, 기관, 연구소

브랜드 또는 제품

예술가, 밴드, 공인

비영리, 자선단체

'엔터테인먼트' 섹션을 클릭하면 그 안에서 세부 카테고리를 설정하는 화면으로 바뀌게 된다. 여기서 카테고리와 페이지의 이름을 정할 수가 있는데, 페이지 이름은 나중에 사용자들에게 노출되었을 때 첫인상을 결정짓는 가장 중요한 요소 중 하나이다. 따라서 앞서 이야기한 페이지 콘셉트를 잡을 때 고려한 요소들이 적절하게 반영된 이름으로 만드는 것이 중요하다. 물론 이후에 페이지 이름을 바꿀 수 있는 기능을 페이스북에서 제공하고는 있지만, 한번 만들어진 페이지에서 '좋아요'를 누르고 팔로잉을 하고 있는 이용자들에게 갑자기 페이지 이름이 바뀌게 되면 혼동을 주고 팔로워 도달률도 떨어지는 등 여러 가지 좋지 않은 영향을 줄 수 있기 때문에, 정말 불가피한 상황이 아니고서는 페이지 이름은 바꾸지 않는 것이 좋다.

또한 카테고리 역시 중요한 요소 중 하나인데, 페이지가 개설된 이후에 처음에 설정한 카테고리와 부합하지 않는 콘텐츠가 계속해서 올라갈 경우 도달률이 떨어진다는 것이 많은 페이스북 마케터들의 일치된 의견이다. 따라서 카테고리 역시 페이지 콘셉트에 맞게 적절하게 설정하는 것이 좋다.

여기서는 '노래'를 카테고리로 정하고, 페이지 제목을 '아이돌 음악 백과사전'이라고 붙였다.

이렇게 세팅을 하고 '시작하기'를 누르면 페이지의 기본 틀이 완성이 된다.

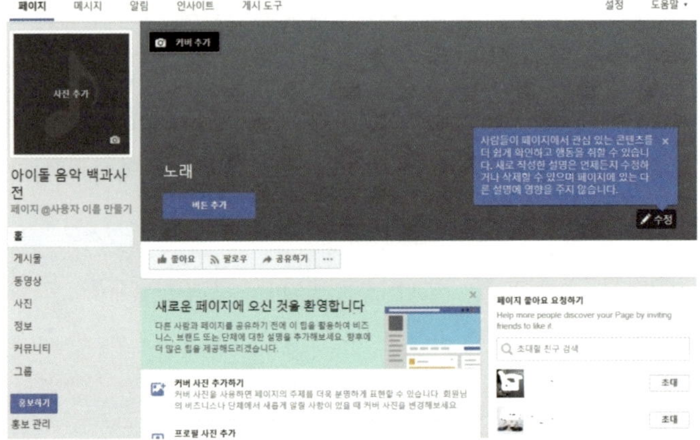

　이렇게 보면 아무런 내용도 없는 빈 페이지가 완성이 된 것을 볼 수 있다. 이제 이 페이지에 앞서 정한 콘셉트에 맞는 이미지와 초기 설정을 해야 한다.

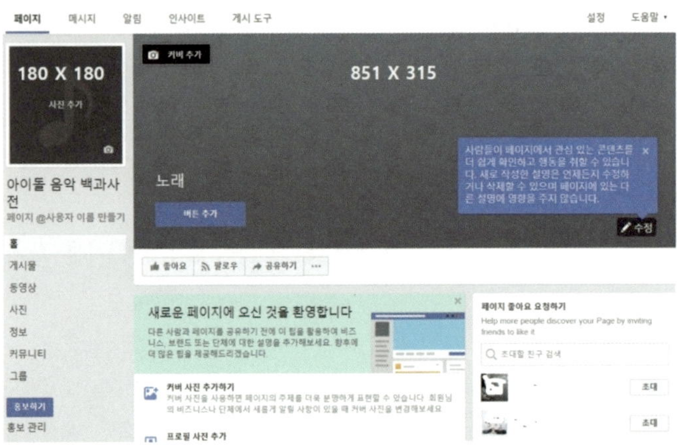

페이스북 페이지에 최적화된 이미지 사이즈(pixcel)

제2의 월급 : 인플루언서 마케팅

커버 사진의 최적화된 사이즈는 851×315 pixcel 이다. 프로필 사진의 경우 180×180 pixcel 이다. 사이즈에 맞는 사진을 골라 추가를 해주면 된다. 사진보다 중요한 것은 바로 페이지의 '설정'이다. 오른쪽 상단에 있는 '설정'을 클릭해서 설정 화면으로 간다. 확인해보면 알 수 있겠지만, 이 페이지 설정에서는 정말 수많은 항목들에 대해 설정을 조정할 수 있다. 그리고 이 부분은 페이스북에서도 계속해서 내부적으로 개선하고 조정하는 곳이기도 하다. 따라서 여기에서는 이 기능들에 대해 모든 것을 세세하게 다루지는 않고, 기본적인 항목들에 대해서만 간략히 설명하고 지나가기로 하겠다. 자세한 내용은 여러분 스스로 직접 세팅을 해보고, 페이스북에서 제공하는 도움말 페이지를 참고하기 바란다.

일반 메뉴	항목	설명	
⚙ **일반**	페이지 공개	공개 페이지입니다	수정
📧 메시지	방문자 게시물	누구나 페이지에 게시할 수 있도록 허용합니다 누구나 페이지에 사진 및 동영상을 추가할 수 있도록 허용합니다	수정
⚙ 페이지 관리	리뷰	리뷰 기능이 해제되었습니다	수정
게시물 작성자 표시	뉴스피드 타겟 및 게시물 공개 범위	뉴스피드에서 볼 수 있는 사람수를 줄이고 게시물 공개 범위를 제한하는 기능이 설정되어 있습니다	수정
알림	메시지	사람들이 내 페이지에 비공개로 연락할 수 있습니다	수정
Messenger 플랫폼	태그 권한	내 페이지의 관리자만이 게시된 사진에 태그를 달 수 있습니다	수정
페이지 역할	페이지 태그 허용 설정	다른 사람들과 페이지에서 내 페이지를 태그할 수 있습니다	수정
사람 및 다른 페이지	프레임용 페이지 위치	다른 사람이 회원님 페이지의 위치를 사진 및 동영상 프레임에 사용할 수 있습니다	수정
기본 페이지 공개 대상	접근 가능 국가 제한	페이지가 모든 사람들에게 표시됩니다	수정
파트너 앱 및 서비스	연령 제한	페이지가 모든 사람들에게 표시됩니다	수정
브랜디드 콘텐츠	페이지 관리	페이지에 차단된 단어가 없습니다	수정
Instagram 광고	비속어 필터	사용하지 않습니다	수정
★ 추천	유사한 페이지 추천	회원님의 페이지를 다른 사람들에게 추천할지 여부를 선택하세요	수정
교차 게시	페이지 업데이트	Page posts are automatically published when you update Page info, reach milestones, receive reviews and more	수정
페이지 지원 관련 메시지함	여러 언어로 게시	여러 언어로 게시물을 작성할 수 있는 기능이 꺼져 있습니다	수정
활동 로그	자동 번역	다른 언어를 사용하는 사람들을 위해 게시물이 자동 번역되어 표시될 수 있습니다	수정

페이지 설정에서 가장 중요한 부분은 좌측 메뉴들 중 '기본 페이지 공개 대상'이다.

기본 페이지 공개 대상

가장 연결하는 싶은 대상이 반영되도록 기본 페이지 공개 대상을 수정하면 누구나 회원님의 페이지를 찾을 수 있지만 가장 중요한 대상에 연결되도록 최적화됩니다.

위치 　이 위치에 사는 사람 ▾

　포함 ▾ | 위치 추가

일괄 위치 추가...

연령 　18 ▾ - 65+ ▾

성별 　전체　남성　여성

관심사 　관심사 검색　추천 | 찾아보기

언어 　언어 입력

추정치: 2,076,095,201

취소　저장

이곳에서 내가 만드는 페이지의 콘셉트에 부합하는 타깃 고객들을 설정할 수 있다. 페이지 이름과 콘셉트를 아이돌 음악으로 설정을 했으므로 이런 콘셉트를 좋아할 만한 연령대, 성별, 관심사, 언어 등을 설정하면 된다.

제2의 월급 : 인플루언서 마케팅

페이지 규모를
키우기

콘텐츠가 왕이다

앞서 누차 강조했듯이 SNS 마케팅의 특징은 원하는 고객군에게 최대한 많이, 널리 확산시키는 데에 있다. 그리고 빠르고 넓은 확산을 위해서는 충성도가 높고 열성적인 팔로워들을 최대한 많이 확보하는 것이 절대적으로 중요하다. 그리고 이런 충성도가 높은 팔로워를 모으기 위해서는 이들이 좋아하고 관심을 가질 만한 양질의 콘텐츠를 끊임없이 생산 및 제공해서 이들의 참여도Engagement를 지속적으로 높이고, 또 유사한 관심사를 가진 새로운 팔로워들을 모으는 것이 중요하다. 결국 SNS 마케팅의 핵심은 '얼마만큼의 양질의 콘텐츠를 제공하느냐'라고 할 수 있다. 다시 말해 콘텐츠가 왕이다. 그렇다면 어떤 콘텐츠를 어떻게 유통시켜야 하는 것일까?

콘텐츠 유형별 제작 가이드

① 텍스트 콘텐츠

페이스북 페이지에서 텍스트는 그렇게 권장하지 않는다. 페이스북에서는 텍스트에 색깔을 넣을 수도, 크기를 키울 수도, 내가 강조하고 싶은 단어를 굵게 하거나 밑줄을 칠 수도 없다. 또한 일정 분량을 넘어가면 텍스트를 다 보여주지 않고 '더보기' 버튼을 눌러야만 내용을 보여준다. 일부 조사 연구에 따르면 대부분의 페이스북 이용자들은 '더보기' 버튼을 클릭하지 않고 넘어가는 경향이 있다고 한다. 따라서 정말 불가피한 경우가 아니라면 페이스북 타임라인에 '더보기'가 나타나지 않도록 5줄 이내에 표현할 수 있는 최대한의 내용을 담아내야 한다.

따라서 텍스트는 이미지 콘텐츠나 동영상 콘텐츠를 보완하는 느낌으로 최소한만 사용해야 한다. 페이스북에서 텍스트에 다른 효과를 줄 수 있는 것은 URL 링크 또는 해시태그가 붙은 단어가 유일하다. 정말 핵심적인 내용 한두 개를 정해서 적절한 해시태그로 표현하는 것이 중요하다(과도한 해시태그의 남발은 가독성을 떨어뜨리고 도달률에 영향을 미친다는 의견이 있다). 또한 URL 링크의 경우 지나치게 긴 주소는 가독성을 떨어뜨리고 텍스트 공간을 부족하게 만들기 때문에, 이왕이면 단축링크 서비스(goo.gl나 bit.ly 서비스)를 이용하는 것이 좋다.

텍스트 콘텐츠 운영 가이드 핵심 요약

- 텍스트는 이미지/동영상 콘텐츠의 보조 도구로만 사용한다
- 텍스트는 최대한 5줄을 넘어가지 않도록 한다
- 정말 핵심적인 내용 한 두 개에만 해시태그를 붙이도록 한다
- URL은 단축링크 서비스를 이용한다(goo.gl 또는 bit.ly 등)

제2의 월급 : 인플루언서 마케팅

② 동영상 콘텐츠 운영 가이드

최근 SNS에서 가장 효과적이라고 여겨지는 것이 바로 동영상 콘텐츠이다. 최근에는 아예 동영상 콘텐츠 제작만을 전문적으로 하는 스타트업이 생겨나고 있을 정도로 사람들에게 큰 파급력을 끼치고 있다. 동영상 콘텐츠에서 중요한 것은 길이가 너무 길어서는 안 된다는 것이다. 1분을 넘으면 시청하는 조회 수가 떨어지게 된다. 만약 1분을 초과하는 내용일 경우에는 콘텐츠의 퀄리티가 매우 높아 사람들이 계속해서 영상을 보게 만들 정도의 흡입력이 있어야 한다.

③ 이미지 콘텐츠 운영 가이드

가장 효과적인 콘텐츠 중 하나는 이미지이다. 이미지는 한 장 또는 여러 장의 이미지 속에 전달하고자 하는 메시지를 압축해서 강렬하게 전달한다. 하지만 페이스북에서 이미지 콘텐츠를 업로드할 때 주의해야 하는 것들이 있는데, 그중 하나가 바로 이미지의 사이즈다. 페이스북은 업로드되는 이미지의 형태에 따라 몇 가지 유형으로 섬네일을 만들어 보여준다. 페이스북에서 요구하는 이미지 크기와 맞지 않을 경우 이미지의 내용이 섬네일상에서는 잘려 보이는 경우가 있다.

페이스북 페이지에서 최적화되지 않은 이미지의 예

따라서 페이스북이 정해놓은 규칙에 맞게 이미지를 올린다면 좀 더 깔끔하게 이미지를 사용할 수 있다.

다음 페이지에 있는 현대카드에서 올린 포스팅은 페이스북의 이미지 섬네일을 효율적으로 이용한 콘텐츠로 많은 사람들에게 호평을 받았다. 페이스북은 이미지 내에 텍스트의 비율이 과도하게 많은 경우 도달률을 떨어뜨린다. 이런 식으로 하나의 이미지를 분할해서 적절한 사이즈로 올릴 경우, 하나의 이미지에 포함되는 텍스트의 양을 적게 사용하면서도 전체적으로는 원하는 메시지를 잘 전달할 수 있는 콘텐츠로 만들 수 있다.

또 하나 최근에 유행하고 있는 콘텐츠는 바로 카드뉴스이다. 카드뉴스는 동일한 템플릿으로 구성된 여러 장의 이미지를 순

서대로 배열하여 읽는 사람들이 메시지에 몰입하게 만드는 콘텐츠이다. 이러한 콘텐츠로 유명해진 페이스북 페이지가 바로 '열정에 기름붓기(www.facebook.com/passionoil)'이다.

이 페이지는 주로 인문학, 자기계발과 관련된 서적과 관련된 내용을 카드뉴스로 구성하여 업로드했는데, 이를 통해 많은 사람들의 참여와 공감을 이끌어내 성장한 페이지로 유명해졌다.

카드뉴스를 만들 때 중요한 것은 보는 사람에게 내용이 잘 전해지도록 배경 템플릿과 내용을 적절하게 배치하는 일이다. 따라서 디자인 및 메시지의 효과적인 전달에 대해 고민이 필요하다. 만약 별도의 디자인 능력이 갖춰지지 않았다면, 카드뉴스 제작을 도와주는 서비스 툴을 이용해보는 것도 좋다.

소크라테스

콩섬으로 놀러와

작은 기회

시작하는 방법

이루다

모두 당신

인생이란

용기

카드뉴스 제작 툴 '타일(tyle.io)'

콘텐츠와 페이지를
홍보하기

인적 네트워크를 활용한 홍보

앞서 누차 강조했듯이 페이스북의 사이즈를 키우려면 '양질의 콘텐츠 제작 → 팔로워들의 공감 참여 → 많은 사람들에게 확산 → 새로운 팔로워의 유입'이라는 선순환을 만드는 것이 중요하다. 앞 장에서는 양질의 콘텐츠를 만드는 법에 대한 기초 내용을 다뤘다면 이번 장에서는 콘텐츠를 널리 홍보하고, 이를 통해 많은 사람들이 팔로잉에 참여하도록 하는 방법에 대해 알아보도록 하겠다.

페이지를 처음 만들면 팔로워가 없거나 극소수일 것이다. 이런 상황에서는 아무리 양질의 콘텐츠를 올린다 해도 초기 도달이 떨어지므로 효율적인 페이지 운영이 어렵다. 따라서 페이지의 생성 초기에는 콘텐츠 배포를 통해 어느 정도 유효한 도달을 이끌어낼 수 있는 최소 팔로워를 만드는 것에 주력해야 한다.

이렇게 최소 팔로워를 만드는 데에는 인적 네트워크를 사용하는 것이 제일 효과적이다. 자신의 주변인, 페이스북 친구들을 적극 활용하는 것이 필요하다. 만약 자신이 여러 개의 페이스북 페이지를 운영하고 있다면 해당 페이지들을 통해 새로 만들어진 페이지를 홍보하는 것도 효과적이다.

또는 자신이 속한 그룹이나 커뮤니티에 페이스북 페이지를 운영하는 사람들이 많다면 그들의 페이스북 영향력을 통해 자신의 페이지를 홍보해달라고 요청하는 것도 한 방법이다. 이렇게 팔로워들을 늘려가면서, 꾸준하게 좋은 콘텐츠를 지속적으로 업데이트하는 것 역시 중요하다. 일반적으로 페이스북의 콘텐츠 도달은 4시간마다 한 번씩 진행하는 것이 효율적이라고 한다. 따라서 처음 페이지가 만들어지고 난 다음, 어느 정도 팔로워가 모일 때까지는 꾸준하고 일관된 시간 간격을 두고 계속해서 콘텐츠를 올리는 것이 중요하다. 이렇게 초기 콘텐츠들이 쌓이면 나중에 새로운 사람들이 페이지에 방문했을 때, 지금까지 어떤 콘텐츠가 어떻게 올라왔는지를 살펴보는 데 도움이 된다. 이렇게 콘텐츠의 내역이 잘 정리되어 쌓이게 되면 새로운 팔로워가 이 페이지의 콘셉트를 빨리 파악할 수 있고 그 콘셉트와 잘 부합하는 이용자가 페이지를 팔로잉하기 쉬워진다.

페이스북 광고 시스템을 이용하자

페이스북은 페이지 운영자들에게 자신들의 콘텐츠나 페이지 자체를 홍보할 수 있는 기능을 제공하고 있다.

페이스북은 페이지 운영자의 화면 곳곳에 페이스북의 광고기능을 사용하도록 유도를 하기 위해 광고 시스템으로의 접속 버튼을 골고루 배치하고 있다.

① 페이스북 광고의 종류

각각의 버튼들은 페이스북에서 제공하는 광고 시스템으로 접속을 유도하고 있다. 물론 위 화면에서 보이는 버튼들을 제외하고도 페이스북은 다양한 위치에서 광고 시스템 접속 버튼을 배치시켜 페이지 이용자들로 하여금 자신들의 유료 광고 서비스를 이용하도록 유도하고 있다.

사실 페이스북 광고는 근본적으로 볼 때에는 정해진 타깃에게 콘텐츠를 노출시켜주는 상품이다. 다만 광고의 목표가 노출에만 끝나지 않고, 콘텐츠가 노출됨으로써 타깃에게 어떤 특정한 행동을 하도록 유도하는 것까지 최적화되어 있기 때문에 그에 따라 광고 종류가 나누어져 있는 것이다.

다음 표의 광고 서비스들은 페이지 운영자가 세분화된 목적에 따라 이용할 수 있도록 제공되고 있는 상품들이다.

페이지 운영자로서, 페이지의 팔로워 규모를 늘리고 콘텐츠를 널리 공유시키는 데 필요한 광고 기능은 크게 두 가지이다. 바로 '페이지 홍보'와 '콘텐츠 홍보'이다.

하지만 이 중 '페이지 홍보'는 페이지가 하나의 브랜드가 되어 있어야 하고, 탄탄한 콘텐츠가 구축되어야 하는 등 여러 가지 까다로운 부분이 많이 있어 개인 마케터가 이용하기에는 무리가 있다. 따라서 페이스북 페이지를 이용한 SNS 마케팅을 위한 가장 좋은 광고 서비스는 '콘텐츠 홍보'이다. 이 광고를 이용하면 일단 자신이 만들고 업로드한 콘텐츠를 원하는 타깃에게

광고 서비스	광고 내용	목적
페이지 홍보	페이지 콘셉트, 주요 내용 등을 홍보	페이지 팔로워를 늘림
콘텐츠 홍보	페이지에 올라온 콘텐츠를 홍보	콘텐츠의 도달률을 높임 콘텐츠 외에 페이지 자체 홍보 효과가 있어 잠재적인 페이지 팔로워를 늘릴 수 있음
웹사이트 홍보	페이스북 페이지가 아닌 별도의 웹사이트로 접속을 유도	해당 웹사이트의 방문자 수 및 회원 수를 늘림
애플리케이션 설치 홍보	모바일 애플리케이션의 주요 내용 소개 및 애플리케이션스토어로 이동 유도	애플리케이션 설치 사용자를 늘림

페이스북에서 제공하는 주요 광고 서비스 비교

전파를 시킬 수 있으며, 해당 콘텐츠를 마음에 들어 하는 고객이 생긴다면 이들이 팔로워가 되도록 할 수도 있다.

콘텐츠 홍보는 페이스북 페이지에서 '게시물 홍보하기' 버튼을 통해 홍보 화면으로 바로 이동할 수도 있다(물론 페이스북 광고관리자 시스템으로 접속할 경우 페이스북에서 제공하는 모든 광고 시스템과 관련 서비스를 활용할 수 있지만, 여기서는 기본적인 내용만 다루도록 하겠다).

② '게시물 홍보하기' 따라 하기

게시물을 홍보하게 되면 처음에는 타깃을 설정하게 되어 있다. 이때 타깃은 처음 페이지를 만들었을 때 설정한 페이지의 타깃에서 벗어나지 않도록 해야 한다. 그래야 게시물에 반응하는 사람들이 페이지로 들어와서 다른 콘텐츠를 보면서 팔로우와 공감 참여 등을 할 수 있기 때문이다.

보통 페이지를 설정할 때 정한 타깃보다 세분화해서 게시물 타깃을 하기도 하고, 아니면 그대로 페이지 타깃과 동일하게 진행하기도 한다.

그다음 예산과 기간을 설정하는 부분이 있는데, 모든 페이스북 광고는 처음에는 소액의 광고비 예산을 가지고 여러 개의 콘텐츠를 동시에 광고하는 것이 필요하다. 하루에 1~5천 원 정도의 예산을 책정하고 다양한 콘텐츠 홍보를 다양한 광고 타깃을 대상으로 여러 개로 나눠 진행한 다음, 그중 가장 성과가 좋은 콘텐츠에 대해서만 집중적으로 광고하는 것이 가장 효율적이다.

이렇게 할 경우, 동일한 콘텐츠가 다양한 타깃들 사이에서 어디에 가장 큰 반응을 불러일으키는지, 또 동일한 타깃을 대상으로 어떠한 콘텐츠가 영향력을 발휘하는지를 확인할수 있다. 이를 바탕으로 다음 콘텐츠를 제작하는 데 기준으로 삼을 수 있기 때문에, 소액 다건의 광고 테스트를 진행하는 것은 페이스북 마케팅을 하는 데 있어 매우 중요한 요소가 된다.

기간은 적절하게 설정을 하는 것이 좋다. 아무래도 개인 마케터라면 처음에 광고를 진행하는 데 있어 예산의 압박이 아무래도 있을 수밖에 없다. 따라서 운용할 수 있는 예산 한도 내에서 적절한 수준으로 광고를 이용하는 것이 안정적인 페이지 운영에 도움이 될 것이다.

　이상으로 간략하게나마 페이스북 페이지를 이용한 SNS 마케팅 방법에 대해 알아보았다. 하지만 페이스북은 현재 가장 많은 사람들이 이용하는 SNS 중 하나이며, 제공하고 있는 서비스 및 그 후의 알고리즘은 시시각각 업데이트가 되고 있다. 따라서 지금 여기서 다루는 내용들은 시간의 흐름에 따라, 페이스북의 정책 변경에 따라 일부 정확하지 않은 내용이 있을 수 있다. 또한 SNS 마케팅이라는 것이 가장 최첨단 마케팅 방법이며 굉장히 방대한 영역을 아우르고 있기 때문에 여기서 SNS 마케팅의 세부적인 테크닉과 노하우를 모두 다 이야기하기에는 무리가 있음을 인정하지 않을 수 없다.

　여기서는 페이스북 페이지를 처음 접하거나 잘 모르는 독자들을 대상으로 페이지의 특징과 페이지를 만들 때 주의해야 할 점, 페이지를 운영하는 데 필요한 사항들에 대해 기본적인 개념 위주로만 짚어보았다. 이 내용을 통해 페이스북 페이지를 이용한 마케팅을 처음 시작하는 사람들이 페이지 운영의 기초를 잘 이해하고 SNS 마케팅이라는 미지의 영역을 탐험해나가는 데 작은 도움이 되었으면 하는 바람이다.

주부 인플루언서

'애드픽을 만드는 사람들'의 네 번째 인물은 파워 워킹맘이자 애드픽 인플루언서인 연서뤼 님입니다. 바쁜 시간을 쪼개 인플루언서 활동에도 열심인 그녀. 찰랑이는 긴 갈색 머리가 인상적인 아리따운 연서뤼 님의 애드픽 스토리를 들어봅시다!

Q. 안녕하세요, 연서뤼 님. 자기소개 부탁드립니다.

저는 여섯 살 예쁜 딸아이를 키우고 있는 서른한 살의 직장 여성입니다. 회사 다니랴, 아이 돌보랴 항상 바쁜 워킹맘이지요.

Q. 어떻게 처음 애드픽에 입문하게 되었는지 궁금합니다.

맞벌이를 하고 있지만 아이를 키우고 살림을 하다 보면 추가적인 수입이 생겼으면 하는 절실한 마음은 아마 모든 주부들의 공통된 마음일 거예요. 그래서 이것저것 열심히 알아보고 있었거든요. 그러다가 우연히 블로그를 통해 애드픽을 알게 되었어요. 2016년 7월경이었네요. 처음에는 몇 백 원, 몇 천 원을 버는 것부터 시작했죠. 처음 수익이 나던 날에는 너무너무 행복했던 기억이 나요. 한 달 정도 활동을 한 후부터 지금과 같은 수익을 내기 시작한 것 같아요.

Q. 현재 애드픽에서 어느 정도의 성과를 올리고 계신지요?
제가 원래 가입하고 활동하던 온라인 카페, 블로그, 페이스북에서 성과를 내고 있어요. 또래 엄마들이나 친구들과 일상 이야기를 하며 소통하던 공간인데, 거기에 애드픽 활동이 하나 더 추가된 거죠. 저는 직장인이라 많은 시간을 낼 수가 없어요. 그래서 아침 출근길이나 점심시간, 퇴근 후 시간을 활용해 틈틈이 하는 편이에요. 하루에 한 시간 정도 짬을 내어 제가 썼던 글에 대한 반응을 확인하고 댓글도 달죠.

Q. 한 시간 정도만 시간을 내도 된다면 정말 괜찮은데요?
근데 사실 직접 글을 쓰는 데 들어가는 시간보다는 어떻게 홍보를 할까 아이디어를 내고 고민하는 것에 더 많은 시간이 드는 것 같아요. 새로운 캠페인이 올라오면 어떤 포인트

제2의 월급 : 인플루언서 마케팅

를 잡을까, 뭐가 더 재미있을까 이런 걸 자기 전에 많이 생
각해보거든요.

어떤 달은 많이 벌 때도 있고, 어떤 달은 덜 벌 때도 있어서
평균을 낸다면 한 달에 50만 원 정도를 벌고 있는 것 같아
요. 저는 전업 인플루언서가 아니고 하루에 최소한의 시간
만 들여서 홍보 활동을 하기 때문에 이 정도 수입이면 만족
스럽다고 생각해요. 지금까지 번 돈은 모아서 가족끼리 오
키나와 여행을 가는 데 알차게 썼답니다.

특별히 전문 지식이나 노하우가 있어야 하는 건 아니에요.
대학에서 콘텐츠 관련 분야를 전공하기는 했지만, 저는 파
워블로거도 아니었고 그냥 아기 사진을 모아두기 위한 육아
블로그 정도만 했던 평범한 사람이었어요. 굳이 이 활동을
잘할 수 있는 재능 같은 게 저에게 있다면, 핵심을 잘 파악
하는 능력이 있는 것 같아요. 학창 시절에 장문의 이야기를
들려주고, 이야기의 주제를 답해보라는 문제들 많이 보잖아
요. 그런 핵심이나 주제를 잘 파악할 수 있는 재주가 약간
더 있는 정도죠.

Q. 그런 능력이 인플루언서가 되는 데 어떻게 영향을 미치나요?

캠페인을 어떻게 홍보할 것인지 포인트를 잡는 것에 많은 도움을 줘요. 사실을 나열하는 식으로 해서는 사람들이 잘 보지 않거든요. 콘텐츠를 꼼꼼히 보면서 이 부분을 이런 식으로 강조하면 사람들이 재미있어하겠구나 하는 아이디어를 내야 하는 거죠. 제목도 잘 잡아야 하고요. 직접 홍보하려는 서비스를 써보면서 공부를 많이 해야 해요. 질문하는 댓글이 달리면 답변도 해줘야 하기 때문에 스스로 잘 알지 못하면서 그 콘텐츠를 홍보할 수는 없거든요.

Q. 집에서도 경제적 수익을 내고 싶은 건 모든 주부들의 로망입니다. 입문하려는 주부들은 어떻게 시작하면 좋을까요?

두려움을 없애는 게 가장 중요할 것 같아요. 그러려면 카페나 커뮤니티 같은 곳에서 얘기도 많이 하고 요즘 트렌드가 뭔지 잘 파악해두는 것도 좋죠. 그러고 나서 쉬운 것부터 시작해보세요. 예를 들어 동영상 콘텐츠를 개인 SNS에 올려보는 거죠. 친구들에게 영화를 홍보하는 식으로 시작하면 부담이 덜해요. 여기서 좀 자신감이 생기면 CPC나 CPI 캠페인으로 홍보 영역을 확장해나가면 됩니다. 용어 자체가 생소하더라도 조금만 공부해보시면 다 알게 될 거예요. 그리고 애드픽 카페나 홈페이지에 들어가서 노하우를 잘 봐두면 도움이 많이 될 거예요. 저도 거기에서 정보를 얻고 공부

제2의 월급 : 인플루언서 마케팅

하며 시작했으니까요.

Q. 제2의 연서뤼 님을 꿈꾸는 사람들에게 하고 싶은 말이 있으시다면?

대부분의 아기 엄마들은 출산 후에 경력 단절을 경험하게 돼요. 아기가 어린이집을 갈 무렵이면 어느 정도 여유가 생겨서 아르바이트 자리를 찾지만 그게 또 쉽지 않아요. 아이가 아프거나 집에 일이 생기면 바로 달려가야 하니까 주부 아르바이트를 별로 선호하지 않죠. 제 친구들이 지금 다 그런 상황이거든요. 이런 분들에게 애드픽은 최고의 기회가 될 수 있어요. 아기가 자는 자투리 시간에 모바일로도 할 수 있는 일이거든요. 시작이 어려워요. 일단 시작을 해보면 자신감도 생기고 자기만의 노하우도 생기게 됩니다.

Q. 연서뤼 님의 앞으로의 목표도 궁금합니다. 애드픽에서 이뤄보고 싶은 목표 같은 것이 있으신가요?

너무 거창하지 않게 올해에도 꾸준히 연간 500만 원을 버는 것으로 목표는 잡았어요. 제가 처음 애드픽을 시작할 때엔 1년 동안 휴가비를 벌자는 목표를 세웠거든요. 그런데 그 목표를 4개월 만에 달성하게 되었어요. 올해에도 더 빨리 목표를 달성할 수 있었으면 좋겠네요. 그 이후의 목표는 또 천천히 생각해봐야겠죠? 무엇보다 직장에서 연봉이 많이 올랐

으면 하는 게 1순위 희망이자 목표지만요. 애드픽을 하면서

생긴 자신감으로 회사에서도 더욱 성공적인 커리어를 쌓는

게 제 꿈이에요.

http://influencer.cafe

편입을 핑계로 **놀던 휴학생, 인플루언서**가 되다

'애드픽을 만드는 사람들' 다섯 번째는 휴학생 부랑다르 님의 이야기입니다. 방황하고 있을 때 우연히 애드픽을 만나 방향성을 잡을 수 있었다고 합니다. 지금은 새로운 꿈과 목표도 생겼다고 하는데요. 하루하루 나아가고 있는 대학생 인플루언서 부랑다르 님의 이야기, 한번 만나보실래요?

Q. 안녕하세요. 간단한 자기소개 부탁드립니다.

안녕하세요. 애드픽에서 닉네임 부랑다르로 활동하고 있는 휴학생입니다.

Q. 애드픽 활동은 어떻게 시작하게 되었나요?

페이스북을 하면서 인원이 많은 그룹의 관리자를 맡게 되었어요. 그때 그룹 내 멤버들과 친구 추가를 하고 교류를 하게 되었는데, 그중 한 분이 타임라인에 올린 글을 우연히 보게 되었어요. 애드픽을 통해 얻은 수익을 자랑하는 글이었는데, 호기심이 생겨 저도 입문하게 되었습니다.

Q. 인플루언서 활동은 주로 어떤 채널에서 하고 있으신가요?

주로 페이스북에서 활동하고 있습니다. 페이스북에는 정말 많은 인플루언서들이 있어요. 그만큼 검증되어 있다고 할 수 있죠. 또 페이스북은 이전부터 사용해오던 채널이라 기능에도 익숙해서 선택하게 되었습니다. 페이스북 채널이 안정화되면 블로그나 유튜브에도 도전해보고 싶습니다.

Q. 대학생이라 인플루언서 활동에 좋은 점도 있었을 것 같아요.

네. 아무래도 인플루언서 활동 이전에도 오랫동안 페이스북을 해와서 그런지 채널에 익숙했어요. 덕분에 수익 구조가 바로바로 떠오르기도 했고요. '아, 이렇게 하면 돈이 되겠구나', '이렇게도 가능하겠네?', '어? 이 사람은 이렇게 하네?' 같은 생각이 들어요. 인플루언서를 하면서 저보다 나이가 많은 분도 봤는데 아무래도 이전에 채널을 사용해본 경험이 적어서 적응 시간이 길어지더라고요. 트렌드를 파악하고 있

제2의 월급 : 인플루언서 마케팅

고, 채널에 익숙하다는 점에서 대학생이 좋은 것 같아요.

Q. 다른 친구들이 하는 아르바이트와 애드픽 활동을 비교해보
았을 때, 인플루언서가 어떤 의미가 있다고 생각하나요?

친구들 고민을 들어보면 점장님이나 고객과의 트러블 등 인
간관계에서 스트레스를 받는 경우가 많아요. 게다가 자신의
적성에 무관한 알바를 하는 친구들도 많고요. 하지만 인플
루언서 활동 같은 경우에는 윗사람도 없고, 고객과의 트러
블도 없죠. 제가 기획하고 수익금도 얻을 수 있으니까요. 마
치 작은 광고 회사의 사장님이 된 느낌이에요. 적성에도 맞
으니 물론 일하는 것도 즐겁고요.

Q. 활동 기간과 수익은 어느 정도인가요?

이제 9~10개월 되어가네요. 처음 3개월 동안 벌었던 수익은
10만 원도 안 될 것 같아요. 그땐 누가 제대로 알려주는 사
람도 없었고, 돈도 없었어요. 그저 다른 사람들 활동을 보며
따라 하는 정도였죠. 하지만 시간이 지나니 저만의 노하우
가 생기더라고요. 지금은 하루에 4시간 정도만 투자하고, 인
플루언서 활동만으로 일반 직장인 월급 정도 받아가고 있습
니다.

Q. 초반에 원하는 수익이 나지 않아 포기하시는 분들에게 경험
자로서 하고 싶은 조언이 있으신가요?

음. 우선 "세상에 쉬운 일은 없다"라는 말이 있잖아요. 그처
럼 인플루언서에게도 쉬운 길은 없다는 걸 말씀드리고 싶네
요. 저 같은 경우에는 A4용지에 메모해가면서 끊임없이 연
구하고 계획했었습니다. 언제 어디서나 홍보 아이디어가 떠
오르면 휴대폰에 메모를 했어요. 그리고 다시 집으로 와서
연구하고, 다음 날 실행해봤죠. 지금도 여전히 끊임없는 생
각과 도전들을 하고 있어요. 무작정 SNS에 돌격하지 마시고
'연구'와 '실행'을 직접 해보시는 게 중요한 것 같습니다. 그
리고 약간의 자금 여유가 있으시면 '유명하고 인증된' 강사
분의 강의를 듣는 것도 좋은 방법입니다.

Q. 애드픽 스쿨 3기에 참여한 부랑다르 님, 인플루언서로 활동
한 후 삶에 어떤 변화가 있었나요?

원래는 편입을 핑계로 집에서 놀고 있었습니다. 알바도 못하
는 상태라 항상 돈에 민감했는데, 애드픽을 통해서 경제적
으로 여유로워졌습니다. 그리고 앞으로 어떤 일을 해야겠다
는 인생 목표도 생겼고요.

Q. 앞으로의 계획이 궁금합니다.

올해까지 페이스북 채널을 안정화하고 싶어요. 그리고 트위

제2의 월급 : 인플루언서 마케팅

터, 블로그로 채널을 확장할 계획입니다. 유튜브까지 안정화
되면 다시 학교를 다니고 싶어요. 애드픽 활동을 하며 관심
이 생긴 컴퓨터공학이나 광고 마케팅에 대해 더 공부하고
싶어요.

Q. 마지막으로, 부랑다르 님에게 애드픽이란?
저에게 애드픽이란 돋보기 같은 존재입니다. 무엇을 해야 할
지 모르고 방황하던 저에게 더 크고 확실하게 가야 할 방법
을 찾게 도와준 그런 존재요.

http://influencer.cafe

연 매출 3억, 20대 직업 인플루언서

'애드픽을 만드는 사람들' 여섯 번째는 인플루언서를 직업으로 삼고 있는 (A)선재 님의 인터뷰입니다. 고등학교 때 우연히 애드픽을 만나, 새로운 꿈을 꾸게 되었다고 합니다. 애드픽이 자리를 잡기 시작할 때부터 함께해온 오랜 파트너이자 영향력 있는 파워 인플루언서인 (A)선재 님의 이야기, 들어보실래요?

Q. 안녕하세요, 간단히 자기소개 부탁드립니다.

안녕하세요. 광고업에 종사하는 애드픽 인플루언서 (A)선재입니다. 인터뷰는 처음이라 조금 떨리네요.

Q. 애드픽 활동은 어떻게 시작하게 되셨나요?

정말 우연한 기회에 접하게 되었어요. 고등학교 1학년 당시 프로게이머를 준비하고 있었는데 게임 커뮤니티에서 애드픽 인플루언서 활동을 하는 분을 보게 되었어요. 그 후 호기심이 생겨 애드픽을 시작하게 됐습니다.

Q. 10대 후반에 시작해, 지금은 개인사업 등록까지 하셨어요. 어떻게 보면 인플루언서를 직업으로 선택하신 거잖아요. 어떻게 이런 결정을 하게 되셨나요?

진로에 대해 적극적으로 생각할 시기인 10대 후반에 하루에 백번도 고민했습니다. 생각하고 생각해도 공부 외에 일이란 걸 하면서 즐겁다고 느낀 게 인플루언서밖에 없더라고요. 마침 수시 원서 작성할 시기에 한 광고 대행 회사에서 스카우트 제의가 들어왔거든요. 그때 바로 회사에 들어가서 더 생각할 틈도 없이 직업이 되어버린 것 같습니다.

Q. 인플루언서로 활동한 후 삶에 어떤 변화가 있었나요?

가장 좋았던 것은 부모님의 인정이었어요. 애드픽을 처음 접해 본격적으로 마케팅을 시작하게 된 시기가 고2 무렵이었어요. 한창 학업에 매진할 시기에 컴퓨터 앞에만 앉아 있으니 많이 속상하셨을 거예요. 자기 자식이 공부도 열심히 하고, 좋은 직장 들어가 안정적인 직업을 가졌으면 하는 게 부모님의 마음이었을 텐데 말이죠…. 하지만 지금은 오히려 일 좀 그만하고 쉬라며 핀잔을 듣곤 합니다.

개인적으로 애드픽은 타 플랫폼과 다르게 인플루언서들을 케어해주는 것이 아주 좋은 것 같습니다. 광고주 쪽에서 내려오는 요청 사항을 그대로 전달하는 일방적인 소통이 아니라 인플루언서 개개인의 의견도 적극 반응해주는 것이 항상 좋다고 느꼈습니다. 또 특별한 날이 아니어도 고생한다며 선물도 가끔씩 보내주세요. 특히 제가 고3때 수능 날 선물해주신 레스토랑 식권은 너무 감동받아서 평생 보관할까 했는데…. 아주 맛있게 먹었습니다. 감사합니다.

소속감이 생기는 것이 가장 좋아요. 정보가 곧 돈인 시장에서 서로 자기의 것만 꽁꽁 싸매고 활동하시는 분들도 많아요. 하지만 이런 팸 시스템은 소속감을 통해 팸원들과 정보 교류도 적극적으로 하게 되어서 좀 더 빠르고 많은 발전을

---

* 팸이란 10명 이내의 애드픽 파트너들이 모여서 형성할 수 있는 커뮤니티 제도.

할 수 있게 만들어줍니다.

Q. 인플루언서 활동은 주로 어떤 채널에서 하고 계신가요?

주로 페이스북에서 활동하고 있어요. 페이스북은 다양한 온라인 매체 중 광고에 대한 접근성이 가장 좋아요. 다방면으로 활용하기 쉽죠. 다른 채널로도 더 확장해 나갈 계획이에요. 현재도 다른 채널을 접해보고 시도 중입니다.

Q. 활동 기간과 수익은 어느 정도인지 물어봐도 될까요?

고 2에 시작했으니 활동한 지는 이제 3년 다 되어가네요. 작년에는 총 매출이 3억 정도 나왔습니다. 이번 연도에는 더 열심히 해봐야죠! 모든 업무를 혼자 소화하다 보니 자는 시간 빼고는 전부 일하는 시간입니다. 노하우라고 한다면 저는 꿈속에서도 광고를 어떻게 만들까 하는 꿈을 꾸면서 잡니다.

Q. 초반에 원하는 수익이 나지 않아 쉽게 포기하시는 분들에게 경험자로서 하고 싶은 조언이 있으신가요?

발레리나 강수진 씨의 발 사진을 보신 적 있으세요? 아름다운 미모에는 전혀 어울리지 않는 굳은살에 울퉁불퉁한 발입니다. 세계적인 위치에 오르기까지의 아름다운 노력의 증표입니다. 인플루언서들도 똑같습니다. 수익을 잘 내시는 인플루언서들은 그에 대한 노력이 있었기에 그만큼의 수익이 따라오는 거라고 생각합니다. 새로 시작하시는 초보 인플루언서들도 당연히 처음에는 원하는 수익이 나지 않아 휘들 수 있습니다. 하지만 앞서 나간 인플루언서들을 보고 그들처럼 열심히 노력한다면 언젠가는 뿌듯한 성과를 얻을 수 있으실 겁니다.

Q. 앞으로의 계획이 궁금합니다. 애드픽이든, 개인적 목표이든 다 좋습니다.

앞으로 최대한 소극적으로 계획을 가질 생각입니다. 아직 국방의 의무도 다하지 않았기에 최대한 크게 벌이지 않고 제가 소화할 수 있는 만큼만 꾸준히 일할 거예요. 시기에 맞춰 국방의 의무를 온전히 끝마치고 나서 다시 시작할 생각입니다. 개인적으로 그때는 파트너로서의 경험을 토대로 애드픽 같은 좋은 광고 대행 회사를 차리고 싶네요.

Q. 마지막으로, 선재 님에게 애드픽이란?

저에게 애드픽이란…. 고등학교 친구 같아요. 고등학교 때 친구는 평생 가니까요!

http://influencer.cafe

자, 그러면 우리는 어떻게 할 것인가? 사실 우리는 업자도 아니고 이렇게 바뀐 네이버 검색 로직이 어떤 건지도 모르는 처지이다. 또 앞으로 어떻게 바뀌게 될지도 모르는 상황이기도 하고 말이다. 하지만 단 한 가지 변하지 않는 것이 있다. 바로 네이버 운영 정책의 대전제, 일반인이 진정성 있게 작성한 블로그가 검색에 잘 걸리게 하자는 기본 대원칙이 그것이다.

인플루언서
마케팅 노하우

비교적 쉬운 **카카오스토리 SNS 활용 & 수익 창출** ①
_종대맘

안녕하세요. 저는 애드픽을 이용한 지 3년 정도 된 꽤 오래된 초창기 멤버입니다. 물론 3년 내내 하루도 빠짐없이 애드픽을 이용한 게 아니라 몇 달 정도 수익 내고 바쁠 땐 몇 달 쉬고 다시 활동하고를 반복했어요. 원할 때마다 다시 와서도 부담 없이 수익을 낼 수 있었던 꾸준한 수익 창출 노하우를 알려드리려고 해요.

페이스북을 운영해보고 싶은데 너무 어렵다고 생각하시는 분들에게 적합할 거예요. (제가 그렇거든요.) 사진을 보시면 아시겠지만 SNS가 68.4%로 아주 높은 비율을 차지해요. 이게 다 카카오스토리입니다! 카카오스토리로 한 번에 많은 돈을 버는 건 조금 힘든 일이에요. 하지만 상대적으로 다른 SNS보다 조금 적은 시간을 들이고도 쏠쏠하게 버실 수 있답니다! 저 같은 경우

는 활발하게 활동하는 시즌에 못해도 만 원 이상을 벌고 다이
아몬드 레벨이 돼요.

　자, 이제 서론은 그만하고 본격적으로 노하우를 설명하겠습
니다.

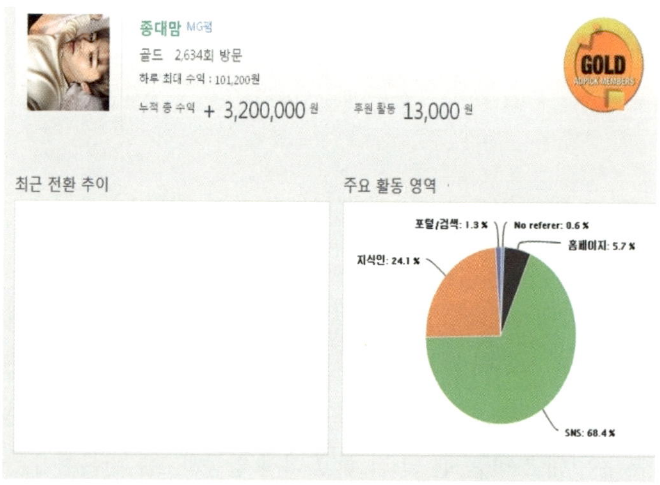

카카오스토리
SNS에 대해서

　　　　　　자 이게 제일 중요합니
다! 어느 사이트든 커뮤니티든 그 페이지의 특징이 무엇이고 어
느 나이대 사람들이 많은지를 알아야 캠페인을 선택하고 홍보
할 수 있어요. 예를 들어 40대 자동차에 관심이 많은 사람들이
모인 커뮤니티에 아기자기한 온라인 게임을 홍보한다면, 클릭조

차 몇 개 없을 거예요.

그럼, 카카오스토리는 어떤 특징이 있을까요?

1. 대체로 여성이 많다 : 여성 중에서도 10대 여성이 많다. 10대 중에서도 초등학생들과 중학생들이 많다.

2. 홍보 티가 아주 조금이라도 나면 안 된다 : 홍보 글이라는 걸 단 1%도 티내면 안 된다.

3. 글은 최대한 요약해서 친근하게 작성해야 한다 : 글이 길고 딱딱하면 아예 읽지도 않는다..

4. 이벤트를 좋아한다 : 캠페인 안에서도 진행하는 이벤트들이 있다. 예를 들면 지금은 없지만 우먼스톡에서 주는 카카오톡 이모티콘이라든지 비디오 캠페인 안에서 진행하는 기프티콘 이벤트 등등 이걸 홍보물 내용 중에 언급해주는 것이 좋다.

5. 작은 활동이라도 꾸준히 활동해서 친해져야 한다.

이 정도가 큰 특징이라고 볼 수 있겠네요! 위 설명을 알고 노하우를 읽으시면 더 이해하기 쉬우실 거예요.

카카오스토리
아이디 개설

카카오스토리 어플 또는 PC로 들어가시면 아주 손쉽게 아이디를 만드실 수 있어요. 자신이 가지고 있는 이메일 하나면 됩니다! 이메일로 인증하시고 아이디를 만드신 후 개인 정보를 적으실 때 닉네임은 친근한 이름으로 하셔야 해요. 예를 들어 '쿠데타마', '배가고픈시리' 등등.

처음 말씀드렸다시피 10대 여성이 많습니다. 이 정서에 맞는 친근한 닉네임으로 하셔야 해요. 닉네임까지 정하셨다면 다음으로 해야 할 일이 프로필 사진 & 배경 사진 설정인데요.

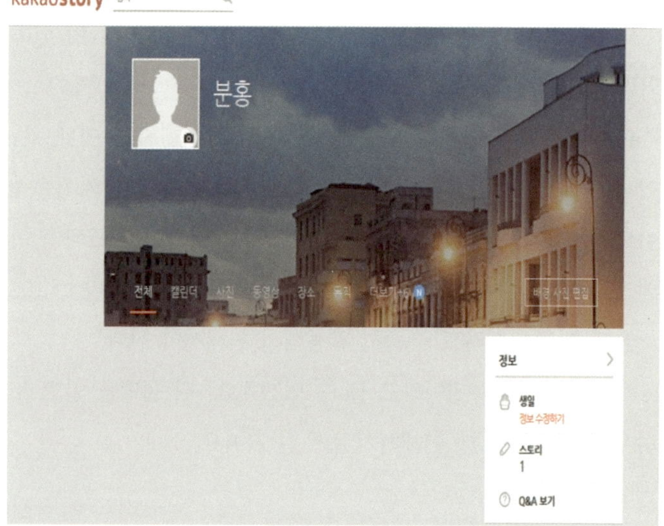

처음에는 이렇게 아무것도 없는 밋밋한 상태일 거예요. 닉네임과 마찬가지로 프로필 사진, 배경사진은 아기자기한 것으로 바꿔주세요. 프로필 사진은 연예인 사진이나 캐릭터 사진도 좋아요!

제2의 월급 : 인플루언서 마케팅

계정 완료 후
홍보는?

계정을 만들었다고 바로 홍보 글을 올리시면 안 돼요. 계정 개설 후 친구는 아무도 없으시죠? 그 상태에서 홍보 글이 떡하니 올라와 있으면 아무도 관심을 보이지 않습니다. 먼저 친구를 모으셔야 하는데요. 이벤트를 하나 올려두고 친구신청을 걸어주세요. 애드픽에서 기프티콘 하나 구매하셔서 다음과 같은 식으로 간략하게 이벤트 글을 적어주시면 됩니다.

> 개정 새로 만든 기념 이벤트★
>
> 공유하시고 친구신청 걸어주시면 참여 끝!

여기서 공유란? 카카오스토리 기능엔 공유라는 것이 있어요. 페이스북과 똑같습니다. 페이스북에서 공유를 하면 내 타임라인에 올라가면서 내 친구들도 다 볼 수 있죠? 카카오스토리도 마찬가지예요. 그래서 여러 사람이 공유할 경우 엄청 많은 사람들이 내 홍보물을 볼 수 있답니다.

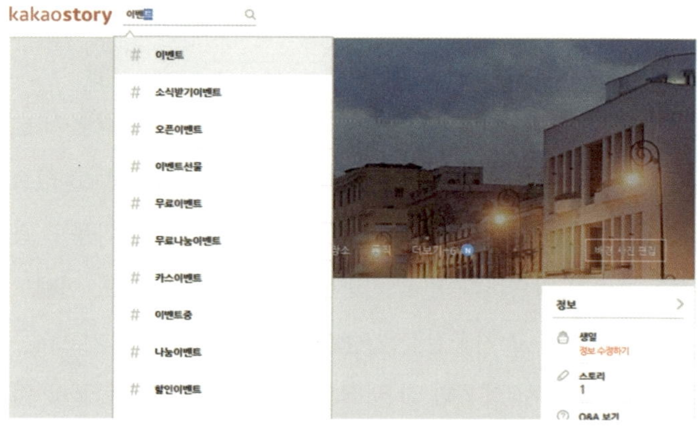

이벤트 글을 올리셨다면 위와 같이 해시태그 검색하는 곳에서 '이벤트'를 검색하셔서 아무거나 누르신 후 보이는 글에 들어가셔서 친구신청 거시면 돼요. 금방금방 됩니다.

꿀팁 하나 드릴까요? 보통 이벤트 참여를 많이 하는 유저들은 홍보물에 적혀 있는 솔깃한 내용에 관심이 많을 확률이 높아요.

이제 본격적인
홍보물 작성 방법

일단 홍보물 작성 전에 카카오스토리에서 효과가 좋은 캠페인을 알려드릴게요. 처음에 말씀드린 것처럼 카카오스토리에는 10대 여성이 많습니다. (제가 계속 언급하는 건 아주 중요하다는 말씀!) 애드픽 캠페인은 보통 '생활/클릭/회원가입/게임' 이런 식으로 나뉘는데 제일 전환이 잘되는 건 '생활'입니다. 보통 그래픽이 웅장한 게임에는 별 관심이 없어요. 생활 중에서도 '쇼핑, 뷰티' 이쪽에 관심도가 제일 높고 용돈 부족한 학생들이 많기 때문에 돈을 벌수 있는 '애드픽 캠페인'도 전환이 매우 잘돼요. 다음과 같은 캠페인들이 좋겠죠? ㅎㅎ

자, 이제 홍보할 캠페인도 정했으니, 홍보물을 적어볼게요. (홍보물 작성 전에는 본인이 우선 그 캠페인이 어떤 건지 어떤 점이 좋은지 직접 보시고 사용해보신 후 홍보물을 적는 게 더 공감되고 좋습니다. 꼭!)

> 이 어플에는 옷과 화장품을 판매 중이며 할인율은 25~80%까지 다양하고 많은 이벤트를 진행 중이며 해외 브랜드도 싸게 구매할 수 있다. 그리고 운영자도 친근하고 재미가 있어서 더 찾게 된다. 가격도 내가 본 소셜 중에 제일 저렴한 것 같다.
>
> 그리고 이 어플은 많은 여성들에게 인기를 얻어가고 있고, 서비스 또한 만족스럽다고 한다. 다들 다운받아서 사용해보세요.

휴, 이렇게 쓰면 재미도 없고 읽기도 싫죠. 카페나 지식인 같은 경우면 몰라도 카카오스토리에선 절대 저렇게 줄줄 팩트가 뭔지 모르게 길게 적으시면 안 돼요! 요점과 요약이 매우 중요합니다. 말투 또한 친근하게요.

어때요? 더 읽기 편하고 '틴트, 2,000원, 존예♥' 이런 단어 때문에 더 눈에 잘 들어오죠? 이렇게 모든 홍보물은 요약해서 핵심만 짧게 작성하셔야 해요.

홍보물 작성 후 활동

맨 처음 이벤트 글을 올리셨고 친구신청도 거셨죠? 이후에 홍보 글을 올리는 것까지 마치셨다면, 친구신청을 받은 유저가 여러분들의 스토리에 들어와서 이벤트 글을 볼 것이고 참여를 할 거예요. 그러다 홍보 글까지 봐서 클릭했다면 퍼펙트! 이벤트에 참여한 유저들의 친구들(나와 친구가 아닌 유저들)이 이벤트 글을 보고 참여하고 홍보 글까지 발견했다면 굿!

친구신청을 거시는 건 한 번에 한계가 있답니다. 50명 정도가 최대고 시간이 지나야 또 친구신청을 거실 수 있어요. 그러니 중간중간 생각나실 때마다 친구신청을 걸어서 내 스토리를 많이 여러 사람들이 볼 수 있게 해야겠죠? 또한 내 스토리를 내가 공유할 수도 있어요. 홍보물을 스스로 공유해서 "여러분 공유해주세용!!)〈"라는 멘트를 작성하시면 유저들이 공유해주는 경우가 많아요! 그럼 더 많이 퍼지겠죠.

솔직히 카카오스토리도 페이스북과 마찬가지로 계정을 키워야 해요. 하지만 페이스북보다 비교적 제약이 적고 손쉽답니다. 친구는 제가 한 대로 하시면 금방 만드실 거예요.

그리고 이벤트도 종종 올려주시는 게 좋아요. '이벤트로 하는 게 싫다!' 하시는 분들은 아예 콘셉트를 '유용 앱 추천'으로 잡으시면 됩니다. 하지만 효율이 적어요. 효율 면에서는 역시 이벤트가 최고죠.

이벤트를 올리거나 유용 앱을 추천해준다고 끝이 아니에요. 친구들과 어느 정도 안면을 터야 하죠. 친구가 댓글 달아주면 나도 댓글 좀 달아주고 가끔 안부를 묻는 글도 좀 올리고 해야 '홍보하는 사람'이 아닌 그냥 '어플을 추천해주는 나와 같은 유저'라는 인식이 생겨서 더 전환이 잘되더라고요.

아차! 애드픽에서 보상 요구는 금지되어 있어요! "이거 공유해주시면 당첨확률 올려드릴게요! / 이거 깔아주시면 이벤트 당첨 시켜드릴게요! / 이거 깔아주시면 기프티콘 드릴게요." 이런 것은 절대 금지입니다! 블랙파트너로 지정받아요! 불량한 활동은 절대 안 돼요!

정리

쓰다 보니 길어졌는데, 요점 정리를 해볼게요.

- 프로필 사진과 배경 사진과 닉네임은 친근한 걸로 해야 한다.
- 홍보물이 먼저가 아니고 친구를 모아야 한다.
- 홍보물만 올려선 안 되고 친근한 내용도 가끔 올려야 한다.
- 홍보물 말투는 딱딱하지 않게 편하게 적어야 한다(이모티콘도 적절히 사용).
- 홍보물은 요점만 적어서 길어지지 않게 한다.
- 이벤트가 진행 중인 캠페인이면 이벤트 내용을 언급하는 게 좋다.
- 캠페인은 생활 위주로 하는 게 좋다.
- 타깃은 10대 여성이다.

포기하지 **않으면 월급만큼** 벌 수 있다 ②
마인드컨트롤
_레드

안녕하세요. 레드입니다.

인플루언서를 시작한 이후로는 그 어떤 테크닉보다 중요한, 포기하지 않는 강한 정신력을 기르는 일이 필요합니다. 여기에 초점을 두고 이야기하고자 합니다.

날 포기하지 않게 만들어준
추천 영화

작년 7월이었습니다. 부산에서 여러 이유와 실패로 빚만 떠안은 채 상경했습니다. 그 이후 자취하며 전투적인 삶을 살아왔기에 이제는 나에게 휴식을 주고자 직장을 관두고, 하던 일을 프리랜서로 전환하였습니다. 쉴 때는 일주일에서 한 달까지는 정말 편하고 즐겁더군요….

하지만 슬슬 지갑이 비어가고 백수라는 타이틀로 몇 번 여행 다녀오니 통장이 비어갔습니다. 그러니 지출을 줄이고자 방콕 생활을 한 달 정도 하게 되었는데요, 게임도 해보고, 텔레비전도 보고, 음악을 들어도 심심하더라고요. 백수가 영화관 가는 것은 사치라 생각하고 인터넷으로 영화나 한 편 다운받아서 보자고 생각하고 다운받아 본 영화가 '마션The Martian'이었습니다.

'마션'은 마크 와트니 역의 맷 데이먼이 화성탐사 중 모래 폭풍으로 인해 혼자 화성에 남게 되면서 포기할 수밖에 없는 상황에 직면하고 고립된 곳에서 포기하지 않는 마인드 컨트롤과 재치로 4년을 버텨 지구로 귀환하게 된다는 스토리인데요. 감자를 심어 화성에서 버텨낸 영화로 유명하죠. 이 영화가 저의 상황과 매우 닮아 있었습니다.

고립된 화성 = 서울 작은 원룸

희망의 감자 싹 = 애드픽 첫 수익 1,000원

버텨야 하는 지구로 귀환 가능한 기간 = 통장의 잔고로 서울에서 버틸 수 있는 기간 4개월

주거 기지가 폭발하며 위기에 처함 = 페이스북 강의 사기 당함, 운동부족으로 체력 고갈, 몸이 아파옴

제2의 월급 : 인플루언서 마케팅

네, 저는 맷 데이먼이 되기로 했습니다. 4개월 내로 월급만큼
의 수익을 거둬야 살 수 있다!

첫 시작 수익 1,000원에서
6개월 후 월 최소 500만 원 이상 이루어낸 과정

우연히 블로그에서 보았
던 돈 버는 애플리케이션인 애드픽으로 아무리 글을 쓰고 노력
해도 200클릭에 전환 0…. 너무나 암담했습니다. 포기하려던 찰
나에 이루어낸 첫 수익은 일주일이나 걸려서 300클릭에 1전환.
1,000원! 정말 이건 대학 합격했을 때의 기쁨과도 같았습니다.

1,000원이 가능하면 더 노력하면 2,000원도 될 수 있을 거야
라는 생각이 들더군요! 그런데 두 배로 노력했더니 2,000원이
아니라 3,000원이 되더군요. 그러면 잠 안 자고 더 열심히 해보
자! 하루 3시간 자고 올인했습니다.

월 40만 원, 너무나 기쁘더군요. 하지만 월 40만 원은 월세
관리비 내고 나면 끝인 금액입니다. 그래서 식비까진 건져야 저
의 버틸 수 있는 유효 기간이 늘 수 있을 것 같더라고요. 하지만
쉽사리 늘지 않더군요. 왜 늘지 않을까. 난 노력하고 있는데. 잠
도 거의 안 자고….

인플루언서 수익은 애드픽 피드백을
이용한 것이 가장 유효했다

혹시 애드픽보다 더 좋은 인플루언서 시스템이 있지 않을까? 이런 생각에 여기저기 다른 곳도 기웃거렸죠! 그래도 크게 늘지 않더라고요. 그러다 애드픽에서 강의를 하더라고요. 애드픽 스쿨, 여기서 가장 중요한 것을 깨달았습니다. 내가 광고 글을 아무렇게나 마구 작성하는 것이 중요한 게 아니라 어떤 글에는 반응이 있고 어떤 글은 반응이 없는지 파악하는 것이 중요하다는 말입니다. 피드백을 받으며, 유효한 광고 콘텐츠와 방법을 압축해 나가는 과정이 빠져 있었습니다.

그 시스템이 애드픽에 녹아 있었는데 발견하지 못했던 것이죠. 그것은 바로 서브 트래킹 링크를 통해서 같은 광고 콘텐츠를 여러 곳에 올렸을 때 어떤 곳에서 얼마만큼의 반응이 있었는지 판단하고 반응이 좋은 광고들을 압축해 나가는 과정이 바로 수익의 상승으로 이어지는 열쇠였던 것입니다. 방법은 간단합니다!

광고를 진행하려는 각각의 캠페인에서 링크 관리를 누르고 가장 하단에 보면 서브 트래킹 링크 추가가 있습니다. 여기에는 하나의 캠페인에도 각각의 다른 명칭으로 여러 가지의 링크를 만들어줄 수 있는데요! 내가 올린 캠페인이 언제, 어디에 어떤 키워드 또는 이벤트로 올렸는지 링크 이름으로 적으면 추후 기억하기에 좋습니다. 그런 후에는 하단의 짧은 링크를 가지고 광

제2의 월급 : 인플루언서 마케팅

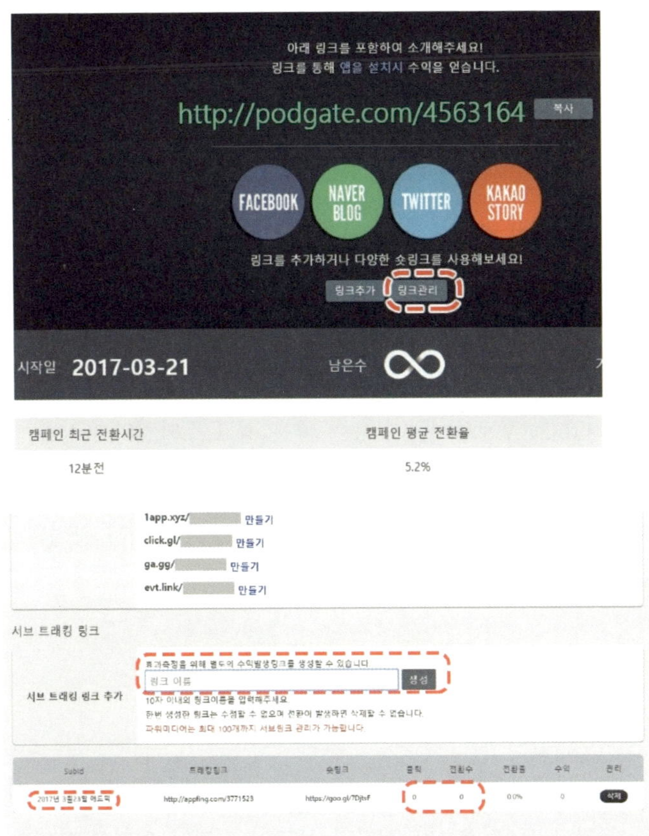
아래 링크를 포함하여 소개해주세요!
링크를 통해 앱을 설치시 수익을 얻습니다.
http://podgate.com/4563164
복사
FACEBOOK
NAVER BLOG
TWITTER
KAKAO STORY
링크를 추가하거나 다양한 숏링크를 사용해보세요!
링크추가
링크관리
시작일 2017-03-21
남은수
캠페인 최근 전환시간
12분전
캠페인 평균 전환율
5.2%
1app.xyz/   만들기
click.gl/   만들기
ga.gg/   만들기
evt.link/   만들기
서브 트래킹 링크
효과측정을 위해 별도의 수익발생링크를 생성할 수 있습니다
링크 이름
생성
서브 트래킹 링크 추가
10자 이내의 링크이름을 입력해주세요
한번 생성한 링크는 수정할 수 없으며 전환이 발생하면 삭제할 수 없습니다.
파워미디어는 최대 100개까지 서브링크 관리가 가능합니다.
Subid
트래킹링크
숏링크
클릭
전환수
전환율
수익
관리
2017년 3월23일 헤드픽
http://appfing.com/3771523
https://goo.gl/7DjtsF
0
0
0.0%
0
삭제

고를 하는 것이죠.

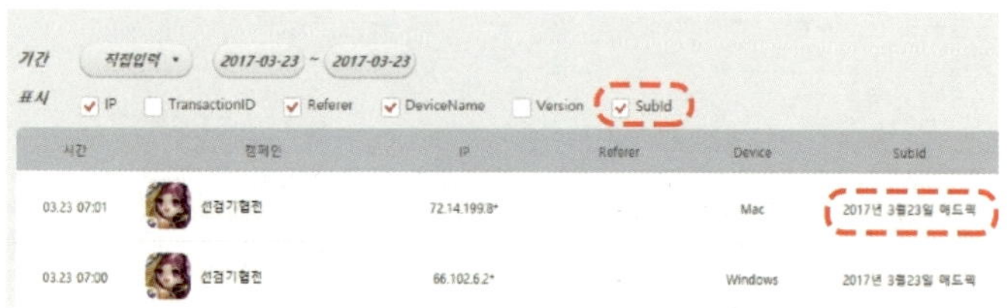

　그렇게 진행을 하게 되면 마이픽 내 전환의 SubId를 체크하시면 서브 트래킹 링크 이름이 노출되어 같은 캠페인이라도 각각의 다른 사이트에 광고를 진행해도 어떤 곳이 얼마만큼의 반응이 있었는지 쉽게 알 수 있게 됩니다.

　그리고 그 후로부터는 반응이 좋은 광고 스타일의 유형을 엑셀 같은 곳에 자기 나름의 방식으로 정리해 나가시다 보면 어느 순간 아주 소중한 나의 재산1호 광고수익 일지가 완성되고요. 수익도 차츰 오르게 됩니다!

정리하며

　　　　　　　　　　제가 생각했을 때 포기하지 않고 두 달을 버티신다면 무조건 성과가 있다고 봅니다. 하지만 안 되는 것은 왜 안 되고 팔린 것은 왜 팔렸는지 애드픽 서브 트래킹 링크를 통해 하나씩 분석하고 남들이 사용하지 않은 캠페인 속의 광고 아이템을 찾으려 노력하시다 보면 반드시 성과가 있을 거예요! 찬 바닥에 매트 깔고 자던 때에서 6개월이 지난 지금 에이스침대와 공기청정기도 구비해 화성을 호텔처럼 꾸며 업그레이드했습니다. 제일 중요한 건강을 챙기려 피트니스 클럽 PT도 받으며 잘 살고 있지요.

포기하지 않으면 월급만큼 벌 수 있다 ③
애드픽은 RPG게임이다
_레드

이번에는 애드픽에 입문한 분들이 앞으로 어떻게 애드픽을 정복해 나가야 할지 가이드 역할을 해줄 수 있을까 고민하다가 RPG게임에 대입하여 애드픽 시스템을 이해할 수 있도록 정리하였습니다.

애드픽은
RPG 게임이다

처음 돈 버는 애플리케이션이라는 이름으로 인터넷상에 떠도는 애드픽 광고를 접하고는 사실 사기라고 생각했습니다. 노력하면 월 1,000만 원 가능이라니 비현실적이잖아요?

그러나 애드픽을 처음 가입하고 시스템을 살펴보니 애드픽은 RPG 게임과 비슷했습니다. 높은 레벨이 되면 충분히 고수익이 가능하다는 생각이 들더군요. 애드픽에는 RPG 게임에 있는 레벨 업 시스템이 있고, 레벨을 올리면 가능한 스킬들과, 더 넓은 필드로 나가 더욱 다양한 몬스터를 사냥할 수 있는 시스템 등이 있어서 너무나 RPG 게임과 닮아 있었습니다.

그러면 RPG 게임과 한번 비교해볼까요?

RPG 게임
VS 애드픽RPG

레벨 업 시스템 : 브론즈, 실버, 골드, 플래티넘, 다이아몬드

•• 레벨 업 달성 시 패시브 스킬 ••

브론즈 : 현금 환급 가능

실버 : 수익률 5% 상승

RPG게임의 캐릭터에 자동으로 적용되는 패시브 스킬이 위와 같은 수익률 상승으로 이어집니다. 놀랍지 않나요? 레벨 업만 시키면 수익률 상승! 같은 전환을 시켜도 브론즈와 다이아몬드 레벨은 수익률은 차이가 날 수밖에 없습니다. 레벨을 올리기 위해서 사냥(전환)의 과정이 필요하니 차근차근 저 레벨 몬스터(제한 없는 캠페인)를 잡아 프리미엄 파트너로 승급하기 위한 여정을 떠나야 합니다.

퀘스트 시스템

RPG게임에서 퀘스트 시스템이란 특정 레벨과 주어진 임무를 달성하면 주어지는 혜택인데요, 애드픽 RPG에도 특정 조건을 달성하면 주어지는 혜택이 있습니다.

첫 번째 메인 퀘스트
: 프리미엄 파트너

위 이미지를 보시면 프리미엄 파트너 선정 시 어마어마한 혜택이 주어지죠?

이 메인 퀘스트인 프리미엄 파트너를 통과해야 더 넓은 필드로 나가 더욱 다양한 몬스터들을 사냥할 수 있습니다. 프리미엄 파트너는 애드픽에서 이야기하는 정당한 방식의 광고로 꾸준한 활동을 하는 경우 신청을 통해서 선정될 수 있습니다! 저도 처음엔 떨어졌었으니 편법이 아닌 애드픽에서 말하는 정당한 방법을 통해 몬스터(캠페인)를 사냥(광고)하시기 바랍니다.

두 번째 보조 퀘스트
: 휘장 모으기

메인 캠페인이 반드시 클리어해야 더 성장할 수 있는 넓은 필드로 나갈 수 있는 길이라면 보조 퀘스트는 사실 해도 그만 안 해도 그만인 퀘스트입니다. 하지만 열심히 하다 보면 저절로 깨지는 퀘스트들이 많고, 초보일 때 은근히 짭짤한 수입이 되기 때문에 꾸준히 진행하시면 용돈을 받는 느낌이 듭니다. 또 휘장을 모으는 것도 하나의 재미죠!

제2의 월급 : 인플루언서 마케팅

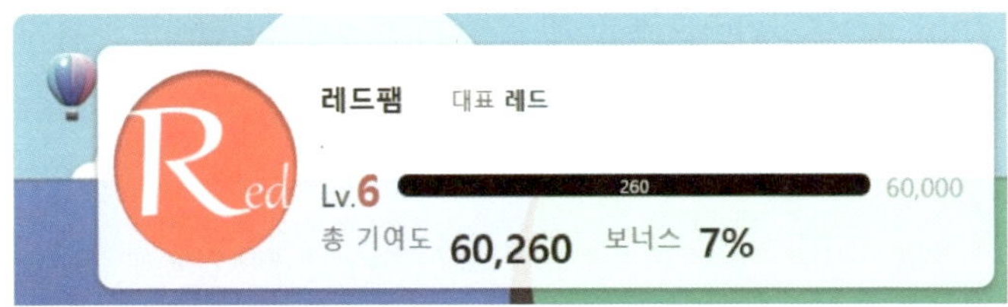

길드 시스템

애드픽에는 팸이라는 RPG 게임의 길드와 같은 시스템이 존재합니다. 팸에 가입하게 되면 팸 게시판을 통해서 다양한 정보를 나눌 수 있을 뿐만 아니라 팸 레벨에 따라 추가수익률 1~10%라는 어마어마한 버프를 받으실 수 있습니다. 그러니 정보가 중요한 초보일 때 팸에 가입하여 다양한 팸원들과 정보를 주고받고 소통하는 것은 빠른 레벨업과 좋은 아이템을 주는 몬스터(전환 잘되는 소재의 캠페인) 정보 등을 알 수 있는 창구가 될 수 있습니다.

거기에 팸 대표는 +1%의 추가 버프를 받을 수 있기 때문에 팸 창설비용 만 원을 투자하여, 팸 대표로 시작해 2%의 추가수익을 받으며 시작하는 것도 나쁘지 않습니다.

혼자 팸을 창설할 경우, 기여를 통해 최대 6% 팸 버프를 받을 수 있는 팸을 만들고, 대표 버프 1%를 받아서 총 7%의 추가수익을 노리는 것도 좋습니다. 저도 그렇게 6% 팸을 만들어 7%의 추가수익 버프를 이용 중입니다.

또한 팸 구성원이 5명이 될 경우 파워 30% 아이템이 불특정한 시간에 지급되니 팸원을 모아 모든 혜택을 누리시기 바랍니다!

ADPICK 주간 BEST 50 PARTNERS

1위 ▲2	mo***@***co	DIAMOND	1천만원 이상
2위 ▼1	비공개	DIAMOND	1천만원 이상
3위 ▲1	비공개	DIAMOND	6백만원 이상

랭킹 시스템

RPG게임에는 레벨, PVP 등의 다양한 랭킹 시스템이 존재하는데요. 애드픽 RPG에도 사냥을 많이 해서 많은 게임머니를 번 게이머 랭킹 시스템이 존재합니다.

시간별, 날짜별 수익 랭킹 시스템을 통해서 실제로 애드픽을 통해서 얼마나 큰 수익을 벌어들이는지 확인할 수 있어서, 큰 자극제가 되기 때문에 자신의 랭킹을 확인하실 수 있는 50위권에 오를 수 있도록 노력해보시기 바랍니다.

미니 게임

애드픽에는 24시간마다 매일 무료로 진행할 수 있는 보너스 게임이 있습니다. 바로 포인트 샵의 파워 업 룰렛인데요, 여기는 꽝이어도 100원을 주기 때문에 매일매일 도전해서 5,000원, 10,000원, 30% 파워 업에 당첨되길 기원하면서 도전해보면 은근히 재미있을 거예요. 물론 대부분 100원입니다만 공짜로 주는 100원이 어딥니까?

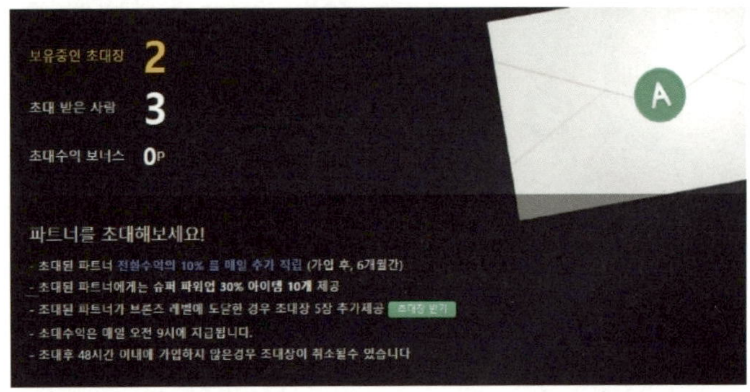

스승과 제자 시스템

프리미엄 파트너가 되고 나면 스승의 자격으로 새로운 회원을 가입시켜 수익의 10%를 받는 짜릿한 경험을 할 수 있습니다. 6개월 동안 말이죠. 제자의 수익이 많을수록 더 많이 수익을 걷을 수 있기 때문에 제자를 잘 키워야겠죠? 저 같은 경우도 3명을 초대했지만 다 포기하더라고요.

무자본 게임은
원래 쉽지 않다

요즘 게임들은 거의 대부분 현금으로 게임 아이템을 구매할 수 있는데요. 현질로 강력한 아이템을 손쉽게 얻어 빠르게 레벨 업할 수 있는 사람과, 현질을 하지 않고 차근차근 노가다를 통해 천천히 게임을 즐기는 사람이 있습니다. 여기에서 현질은 자신이 가지고 있는 SNS의 영향력과 비교될 수 있습니다. 본인이 페이스북, 블로그, 카페, 애플리케이션, 홈페이지 등의 영향력 있는 플랫폼을 구축했거나 많은 팔로워를 거느린 경우는 최고급 아이템을 가지고 시작하는 것과 같습니다. 레벨 업이 쉽고 많은 수익을 올릴 수 있는 아이템을 가지고 시작하는 것과 같아요. 하지만 대부분의 사람들은 그렇지 못한 환경에서 시작을 해야 합니다.

그러니 이런 플랫폼(강력한 아이템)이 구축되어 있지 않은 분이라면, 카페나, 지식인, 댓글 등을 이용해 다른 사람의 플랫폼을 적절히 활용해 진행하는 한편 자신의 성향에 맞는 SNS를 선택해 키워나가야 합니다. 사실 자신의 SNS를 가지고 있지 않은 분은 처음엔 눈치밥 먹고 살아야 하는 것이 사실이에요.

게임은 누구나
잘할 수 있다

이렇게 애드픽은 RPG 게임 시스템과 매우 닮아 있습니다. 레벨이 낮을 때는 강력몬스터(전환 당 높은 수익금)를 잡는 것이 불가능하며, 아이템 드랍률(전환)이 낮을 수밖에 없습니다.

따라서 천천히 내가 목표로 하는 던전(캠페인)을 탐험하기 위해선 그에 맞는 장비(SNS)를 맞추어 나가야 하며, 몬스터들을 잡아가며 레벨 업을 통해서 버프(수익률 상승)를 올리고 길드(팸)를 창설하거나 가입해 사냥터의 몬스터(캠페인, 소재)정보를 찾아 적용해 나가는 지혜가 필요합니다.

정리하며

요즘 인터넷 마케팅을 위한 SNS플랫폼은 난공불락! 즉, 쉽지 않다고 이야기할 수 있는데요, 사실 어느 하나 키우기 쉬운 SNS가 없습니다. 페이스북은 열심히 키워놓으면 조그만 실수 하나로 이용이 정지되고 도달률은 바닥을 칩니다. 블로그는 더욱 전문화된 블로거를 밀어주는 시스템으로 바뀌어서 광고 계정으로는 키우기가 굉장히 어려워졌고 저품질의 위험이 항상 도사리고 있습니다. 카페에 글 쓰고, 댓글 달자니 이건 뭐 눈칫밥 먹는 머슴과 다름없습니다.

어제와 오늘이 다른 온라인 환경 속에서 변화의 흐름에 적극적으로 대처할 수 있는 사람이 결국 살아남을 수밖에 없을 것이라 생각이 듭니다. 그래서 특정 SNS에 집중하는 것도 필요하지만 메인 SNS를 주로 활용하면서 항상 새로운 SNS를 접하고 공부하는 습관이 장기적으로 롱런할 수 있는 비결이라는 생각이 듭니다.

페이스북에 목매지 마세요. 블로그에 목숨 걸지 마세요. 내가 인플루언서 마케팅 시장에서 무언가 얻고 싶다면, 항상 연구하고 새로운, 내가 해보지 않은 SNS에 도전하는 자세가 필요하다는 생각이 들어요.

그리고 지금 낮은 레벨이잖아요? 가진 것 없는 낮은 레벨이니 잃을 것도 없는데 망설이지 말고, 그냥 닥치는 대로 이것저것 다 시도해보고 서브 트래킹 링크를 통해 하나하나 반응이 좋은 광고와 소재들을 압축해 나가는 과정을 수익일지에 작성하면서, 시행착오를 많이 겪으시기 바랍니다. 시행착오 없이는 좋은 결과물을 얻을 수 없으니 열심히 몬스터들 잡으며, 레벨 노가다를 통해 성장하다 보면 수익은 늘게 되어 있으니 만렙(다이아몬드)레벨을 목표로 하시고 강력한 아이템(영향력 있는 SNS)을 얻을 수 있도록 차근차근 준비하셔야 합니다.

포기하지 않으면 월급만큼 벌 수 있다 ④
레드북 작성법
_레드

레드북(수익일지)을
작성해야 하는 이유

애드픽을 시작하고 두어 달 정도 지난 시점이었습니다. 그동안 열심히 올린 캠페인들이 너무 많아 최근에 올린 일주일 분량의 캠페인조차도 정확하게 어디에 어떻게 올렸는지 기억이 나지 않더라고요. 애드픽의 캠페인들은 수시로 오픈하고, 어느 날 갑자기 사라지기를 반복하고 단가도 항상 변하는데…. 시간이 지나면 지날수록 머릿속이 엉망이 됐습니다. 원래 기억력도 좋지 않은 편이라 내가 어제 이걸 올렸나? 저걸 올렸나? 이틀 전에 올린 건 잘 노출되고 있나? 하나하나 다시 찾아보며, 시간을 허비했습니다.

그러다 보니 일주일 전에 제가 올린 캠페인 리뷰와 중복되기도 하면서 효율성과 정신력이 점차 나락으로 떨어지기 시작했습니다. 그러곤 오늘은 무얼 올려야 하나, 내가 올렸던 것들 하나하나 서치해보며 검토하다 보니 실제로 캠페인의 콘텐츠를 작성하는 시간보다, 과거에 올렸던 부분들과 충돌하지 않도록 검토하는 데 시간이 너무 많이 걸리더라고요.

그래서 무언가 기록하지 않으면 효율적으로 운영하기 힘들 거란 생각이 들었습니다. 그 시점에 애드픽 스쿨 강의를 통해 서브 트래킹 링크 기능을 활용하여 카페, 블로그, 페이스북, 카카오스토리 등에 올린 캠페인들을 각각의 키워드와 플랫폼으로 분류하여 정리하기 시작하였습니다. 이것이 바로 레드북 역사의 시작이었습니다.

사람의 기억력은 한계가 있습니다. 그래서 저는 수많은 캠페인을 다양하게 분류하고 기록했습니다. 그리고 이 수익일지를 업그레이드하면서 수익률 상승의 길을 걷게 됐습니다.

일기를 쓰는 것과 같습니다. 만약 어떤 사람이 10살 이후 30년간 매일 일기를 썼다는 가정을 한다면 그 사람은 30년간 살아온 하루하루의 특정 이벤트를 기억해낼 수 있는 초능력을 가지게 되는 것입니다. 비유가 다소 거창할 수 있지만 이러한 꾸준한 노력으로 인해 초능력만큼 놀라운 수익 상승이라는 길을 걸을 수 있게 되는 겁니다.

연금복권 들어보셨죠? 1등 당첨되면 월 500만 원씩 20년간 준다는 복권인데 실 수령액은 390만 원을 매달 받게 된다고 하는데요, 복권 당첨의 확률이 얼마나 낮은지 아시죠? 하지만 꾸준한 노력으로 99% 가능한, 390만 원을 뛰어넘어 500만 원, 1,000만 원까지도 수익 창출을 할 수 있는 이 수익일지의 가치는 얼마나 될까요?

저도 지금 계속 수익일지를 업그레이드해 나가며 작성하고 있습니다. 빠르게 변하는 인터넷 환경 속에서 수익이 오르락내리락 하며 가슴이 철렁할 때가 있지만 결론적으로는 계속 상승하고 있습니다. 반드시 기록하세요. 그 일지 기록은 애드픽 수익을 더욱 끌어올려줄 수 있으니까요.

레드북에
담겨야 할 요소

그렇다면 이 레드북(수익일지)에 어떠한 부분들이 담겨 있어야 할까요? 저는 처음에 작성을 시작했을 때 캠페인을 진행한 플랫폼(SNS)과 키워드만을 분류하여 기록하기 시작하였습니다.

SNS 플랫폼	키워드&이벤트 이름
네이버 카페	돈 버는 애플리케이션
지식인	인터넷으로 돈 벌기
페이스북	핸드폰으로 100만 원을 벌었다.

제2의 월급 : 인플루언서 마케팅

애드픽 애플리케이션을 예를 들어보면 캠페인을 진행하는 경우 서브 트래킹 링크의 제목을 표와 같이 작성했습니다.

단지 올린 곳과 키워드나 중요 이벤트를 엑셀 프로그램에 작성한 것뿐이었지만 한눈에 제가 진행한 캠페인을 확인할 수 있었고, 제가 올리지 않은 곳과 다른 키워드, 이벤트로 다음에 진행해야 할 부분들을 중복없이 빠르게 찾아내어 작성할 수 있게 되었습니다.

여기에 날짜의 개념까지 추가하여 서브 트래킹 링크 이름에 '16년 4월 1일 블로그/돈버는 애플리케이션'과 같이 작성했습니다. 제목이 너무 길어지는 것 같아 리퍼러에 나오는 플랫폼은 삭제하기도 하면서 '060401 돈 버는 애플리케이션'과 같이 간략하게 서브 트래킹 링크 이름을 작성하였습니다.

이것을 작성함으로써 내가 언제, 어디서(플랫폼), 어떻게(키워드, 이벤트) 올린 키워드가 얼마만큼의 수익이 발생하는지 서브 트래킹 링크를 통해 확인할 수 있게 되었습니다.

이렇게 캠페인의 날짜, 플랫폼, 이벤트의 이름으로 작성된 서브 트래킹 링크의 전환율을 기록하는 단순한 과정만으로도 머릿속에 통계가 정리되며, 앞으로의 진행 방향을 어느 정도 가늠할 수 있게 되었습니다.

여기에 더욱 디테일한 통계와 분석을 위해 날짜 (연/월/일, 출근, 오전, 점심, 오후, 퇴근, 저녁, 자기 전, 밤), 플랫폼 [카페(카페회원 타입 분류/글 작성/댓글), 지식인(질문/답변/의견), 블로그(글 작성/댓글), 페이스북(개인 계정/페이지/댓글/어그로)], 이벤트(할인/쿠폰/적립금/친구 추천/상품/어그로/자랑) 전환율(50% 이상/40% 이상/30% 이상/20% 이상/10% 이상/5% 이상/2% 미만/0%) 등으로 상세하게 분류하기 시작했습니다.

레드북에 위와 같은 요소들의 내용들과 전환율을 작성하는 것으로 수익률이 상승할 수밖에 없는 레드북의 핵심이 완성된다고 할 수 있습니다.

제2의 월급 : 인플루언서 마케팅

자신만의
레드북 만들기 & 실천

위와 같은 항목을 기록하는 것만으로도 엄청난 수익 상승의 효과를 볼 수 있습니다. 이번 노하우의 핵심 요소 중 90%는 앞부분의 '레드북에 담겨야 할 요소'의 내용을 활용하는 데에 달려 있다고 해도 과언이 아닙니다. 이제 나머지 10%는 위 내용들을 한눈에 확인할 수 있도록 엑셀 프로그램 등에 간단하게 자신만의 스타일로 정립하는 과정이 남았습니다.

여러분이 반드시 스스로 풀어야 할 과제를 말씀드리겠습니다.

•• **과제 1** ••

자신이 이용하는 플랫폼과 방법에 따라 하단의 예시 목록에 해당하는 것과 자신만의 스타일을 추가하여 엑셀 프로그램이나 노트 등에 레드북(수익일지) 작성하기

날짜 : 연 / 월 / 일, 출근, 오전, 점심, 오후, 퇴근, 저녁, 자기 전, 밤

플랫폼 : 카페(카페회원 타입 분류 / 글 작성 / 댓글), 지식인(질문 / 답변 / 의견), 블로그(글 작성 / 댓글), 페이스북(개인 계정 / 페이지 / 댓글 / 어그로)

이벤트 : 할인/쿠폰/적립금/친구 추천/상품/어그로/자랑

전환율 : 50% 이상/40% 이상/30% 이상/20% 이상/10% 이상/5% 이상/2% 미만/0%

•• 과제 2 ••

나만의 레드북을 작성했다면 엑셀 파일에 하나하나 통계를 내고, 전환율과 수익금에 따라 비효율적인 캠페인은 다른 이벤트와 소재로 다시 한 번 도전하고, 수익률이 좋은 캠페인은 적절한 캠페인 작성 주기를 적용해 유지하면서 캠페인에 숨어 있는 또 다른 소재를 찾아 더욱더 캠페인의 수익률을 뽑아낼 수 있도록 보기 좋게 정리하는 것이 필요합니다.

•• 과제 3 ••

레드북을 통해 수익률 상승 후 댓글 후기 남기기

〈예시〉

캠페인 작성

1. 애드픽에서 제시한 소재로 캠페인 작성

2. 애드픽에서 제시하지 않은 나만의 캠페인 소재 찾기

서브 트래킹 링크의 전환율에 따른 각각의 캠페인 진행 방식

〈배치〉전환율 0%: 다른 소재와 키워드&이벤트로 캠페인 재작성

〈추가〉전환율 10% 이하: 기존의 캠페인 + 다른 소재로 캠페인 추가

〈압축〉전환율 20% 이상: 캠페인 작성 후 효력이 줄어드는 간격을
계산하여 최소한의 간격으로 캠페인 재작성

〈예상〉전환율 30% 이상: 캠페인이 오픈되고 닫히는 특정 주기를
찾아 예상하여 캠페인 닫히면 빠르게 캠페인 노출 대기

이해가 되셨나요? 위와 같은 3가지 과제는 스스로의 노력과 실천을 통해서만이 더 나은 결과를 만들어 낼 수 있습니다. 그것은 사람마다 각자 운영하는 SNS플랫폼의 영향력과 종류가 다르기 때문인데, 캠페인 작성 스타일에 따라서 위와 같은 목록 이외에도 많은 부분이 추가될 수 있기 때문입니다. 이 기본을 이해하시고 본인만의 레드북을 작성해주세요. 처음부터 완벽하게 만들려고 하지 않아도 됩니다. 저도 처음엔 플랫폼 이름과 키워드&소재만을 적는 단순함에서도 많은 효과를 체감할 수 있었으니까요. 서브 트래킹 링크의 전환율에 따른 행동을 잘 적용하세요. 하위 전환율은 시간이 되면 상위 전환율 행동을 같이 겸하는 경우 더욱 큰 효과를 발휘할 수 있다는 것도 알아두시고요.

캠페인에 숨어 있는
광고 소재 찾기

제가 초기에 애드픽에 가입하고 진행할 때는 애드팩에서 캠페인 내에 제공하는 소재만을 사용했습니다. 그러니 한 캠페인당 각각의 플랫폼에 하나씩 리뷰해놓는 일을 낚싯줄을 던져놓고 기다리는 것처럼 마냥 기다리는 시간을 가졌었어요. 그러다 보니 그 소재로 잘 전환이 되지 않으면 버리는 캠페인이었습니다.

하지만 어느 날 애드픽 전환 랭킹을 본 순간 1위에서 10위까지 내가 버린 소재를 활용하여 랭킹을 유지하고 있는 걸 보게 되었습니다. 사실 조금 충격이었습니다. 나는 전환이 잘되지 않아서 버린 캠페인을 이용해 수십, 수백을 버는 사람들이 있다니……. 그래서 예상되는 플랫폼을 수없이 검색하고 알아본 결과 애드픽에서 제공하는 추천 소재도 있었지만 캠페인 속에 숨어 있는 다양한 소재들을 적극 활용하였다는 공통점이 있었습니다.

하지만 주의할 점은 허무맹랑한 허위 소재를 활용하거나 애드픽 내에서 캠페인 내용 목록에 금지하고 있는 소재를 활용하는 경우에는 강력한 조치를 받을 수 있다는 점입니다. 그래서 다음 과정을 통해서 꼭 소재를 찾고 활용하길 추천해드립니다.

A. 애드픽에서 추천하는 캠페인 소재 확인

B. 금지 소재 및 주의 사항 확인

C. 캠페인 내의 다른 소재 찾기

캠페인 전환만이
수익의 전부는 아니다

돈을 버는 것만이 돈을 모으는 방법일까요? 애드픽에서 돈을 버는 방법이 캠페인을 작성해서 전환을 시키는 것이라는 것은 누구나 알고 있을 거예요. 하지만 애플리케이션을 하나하나 파고들어 살펴보다 보면 전환만이 수익의 다가 아니라는 것을 알 수 있어요.

간단하게 애드픽을 예로 들어 보겠습니다.

① 캠페인 전환

② 파워 업 룰렛(보통 100원)

③ 프리미엄 파트너 초대장(초대받은 사람의 수익 10%)

④ 노하우 판매(1판매당 350~3,500원 제한 없음)

⑤ 팸 포인트(캠페인 총수익의 1~10% 하루 1만 원 제한/대표 +1%)

⑥ 퀘스트(다양한 포인트와 문화상품권, 파워 업 아이템)

대략 생각나는 것만 해도 6가지나 돈을 벌 수 있는 방법이 애드픽의 곳곳에 숨어 있는데요, 실제로 캠페인을 진행하다 보면 캠페인 전환 이외의 방법들이 굉장히 많이 있습니다. 대표적인 경우 물건을 팔았을 때 인센티브를 받는 CPS와 친구들을 초대해 코드를 입력하고 적립금을 받는 방식 등이 있는데요, 이런 것도 잘 활용하면 실제로 돈으로 환급받는 부분도 있지만 생필품 등을 구입하는 포인트로 활용할 수 있습니다. 실제로 신규로 나온 애플리케이션들의 친구초대 이벤트적립을 통해 47만 원, 20만 원 등의 적립금으로 물건 구입에 사용하고 있으며 지금도 계속 적립 중입니다! 1,000원 적립, 500원 적립, 작은 이벤트를 눈 여겨 보시면 어느 날 목돈으로 돌아오고 돈을 버는 것과 같은 지출을 줄이는 방법도 많이 존재합니다! 특히 신규 애플리케이션에서 가입자를 늘리기 위해서 이벤트를 많이 진행하니 잘 살펴보세요.

애드픽 애플리케이션
예제를 통해 응용하기

이제 저의 레드북 작성법의 노하우가 마무리되어가는데요, 초반에 이야기했지만 읽고 이해하는 것만으로 끝난다면 아무 소용이 없습니다. 쉽게 다른 캠페인에 이용하실 수 있도록 애드픽 애플리케이션 캠페인을 이용해 수익을 발생시키는 과정을 예를 들어 정리하면서 마무리하도록 할게요.

① 애드픽 애플리케이션 캠페인 광고 선택
② 내가 광고하고자 하는 SNS에 맞는 소재&키워드&이벤트 찾기

a. 블로그, 카페, 지식인 검색 키워드 예시

a-1. 광고주 타깃 키워드 : 바이럴 마케팅, 인터넷 마케팅, 게임 마케팅, 쇼핑몰 마케팅, 페이스북 마케팅, 파워 블로그

a-2. 인플루언서 타깃 키워드 : 돈 버는 애플리케이션, 돈 모으는 방법, 용돈 벌기, 블로그 수익 내기, 페북으로 돈 벌기, 인터넷에서 돈 벌기

b. 페이스북, 카카오스토리 이벤트 예시 : 하루 3시간 200만 원 버는 방법, 100억 뿌린 회사 나도 줄서기, 페북 돈 버는 방법이 500원

③ 소재&키워드&이벤트에 맞는 서브 트래킹 링크 추가
④ 게시물 작성 및 서브 트래킹 링크 삽입
⑤ 레드북에 전환율을 제외한 일지 기입
⑥ 레드북에 일정 시간 경과 후 전환율 입력
⑦ 전환율 검토 및 전환율에 따른 행동 진행

〈배치〉 전환율 0% : 다른 소재와 키워드&이벤트로 캠페인 재작성

〈추가〉 전환율 10% 이하 : 기존의 캠페인 + 다른 소재로

캠페인 추가

〈압축〉 전환율 20% 이상 : 캠페인의 효력이 줄어드는 간격을 계산하여 최소한의 간격으로 캠페인 제작성

〈예상〉 전환율 30% 이상 : 캠페인이 오픈되고 닫히는 특정 주기를 찾아 기록, 예상하여 캠페인 닫히면 빠르게 캠페인작성이 가능하도록 항시 대기

⑧ 수익금이 쌓이면 애드픽에서 월급 받아 친구에게 자랑하기

⑨ 친구를 프리미엄 초대를 이용해 가입시켜 잘 알려주고 친구 수익금의 10%를 6개월간 지급받기

정리하며

사실 이 노하우는 저 스스로 노력하여 만들어진, 금액으로 환산하기 힘든 소중한 저의 재산입니다. 실제로 저는 이 방법들로 40만 원대의 돌파하기 힘들었던 한계를 뚫고 월급 이상의 수익을 만들었습니다. 머리로 이해하고 실제로 일지작성을 통해 기록하지 않으면 효과는 보장되지 않습니다. 어차피 500원 투자한 김에 저를 믿고 실천해서 한 걸음 한 걸음 나아가신다면 반드시 저보다 더 큰 수익 창출의 기쁨을 맛보실 수 있다고 생각합니다. 레드북을 작성하면서 자신의 스타일에 맞는 SNS를 다방면으로 키워 나간다면 백전백승이라고 장담할 수 있습니다.

적고 보니 완전 초보들에게는 다소 어려운 이야기가 될 수도 있을 것이라 생각이 드네요, 그래서 앞서 말한 초보자를 위한 노하우를 읽어보신다면 조금 더 이해하시는 데 도움이 될 것이라 생각합니다.

포기하지 않으면 월급만큼 벌 수 있다 ⑤
게임 광고 편
_레드

애드픽에서 게임이
50% 이상이다

뜬금없지만 스티브 잡스 이야기부터 시작할게요. 이해를 돕기 위해서입니다. 스티브 잡스가 슬로건으로 생각했던 문장이 있는데요, "해군이 되지 말고 해적이 되자!"라는 이 말에는 군율과 법칙 그리고 절차에 시간이 많이 소요되는 해군의 큰 규모보다 작고 빠르게 약탈하고 대응할 수 있는 해적의 시스템을 애플 경영 시스템에 대입하여 놀라운 시대적 변화를 이루어낸 모토가 되는 슬로건입니다.

드넓은 바다 같은 인터넷 모바일 환경에서 애드픽이라는 해적선을 타고 보물선을 찾아 떠날 선원이 되어 게임 캠페인을 통한 보물찾기 방법을 살펴볼 생각이에요.

우리도 큰 그림을 그리면서 애드픽의 작은 하나하나의 캠페인을 공략하여 50% 이상에 이르는 애드픽 전쟁터에서 승리할 수 있도록 노하우를 작성하였는데요, 그 첫 번째 주제가 바로 게임 캠페인 공략입니다.

애드픽을 잘 살펴보시면 누구나 아시겠지만 게임 캠페인이 보통의 경우 반 이상을 차지할 수 있다는 것을 알 수 있습니다. 이 말은 게임 캠페인을 공략을 잘한다면 많은 수익을 남길 수 있다는 말로 게임을 포기하면 50% 이하에서 승부를 보아야 한다는 말입니다.

사실 말이 50%이지만 단가가 높은 캠페인들이 대부분 게임 부분에 걸쳐 있기 때문에 게임 캠페인의 대략적인 가치는 80% 이상일 것으로 생각됩니다. 사실 게임이 아닌 애드픽의 카테고리인 생활, 영상, 클릭 등의 캠페인에서 한두 개의 캠페인을 집중적으로 공략하여 많은 수익을 낼 수도 있는데요, 몇 번 해보신 분들은 아시겠지만 한두 개의 캠페인에 의존하다 보면 갑작스럽게 광고주의 요청에 의해 캠페인이 닫히거나 적은 수의 캡이 설정되거나 모두 소진이 된다면 수익은 갑자기 사라지게 됩니다.

그러기에 우리는 최대한 많이 다양한 캠페인을 상대로 여러 개의 낚싯대를 드리우듯이 최대한 많은 광고를 뿌려놓아야 항시 일정 금액 이상의 수익을 꾸준히 발생시킬 수 있게 되는 것입니다. 그러니 애드픽의 50% 이상에 해당되는 게임 캠페인을 버리는 것은 주식을 버리고 간식만 먹는 것과 같은 비효율적인 수익 구조를 뜻하기도 합니다.

자, 그럼 게임 캠페인을 집중해서 공략하시겠습니까? 아니면 버리시겠습니까?

이 전쟁의 가장 큰 무기는
비주얼이다

그렇다면 어떻게 전쟁과도 같은 게임 광고를 시작해야 할까? 그 전에 생각해봐야 할 것이 어떤 경우에 우리에게 수익이 발생하는가를 정확히 짚어봐야 할 필요가 있습니다.

애드픽의 대부분의 게임은 CPI로 게임을 설치하고 일정 시간(몇 분) 플레이할 경우에 수익이 창출되는데요, 바로 이점을 기억해야 합니다. 게임을 설치하게 만드는 것이 우선이라는 점입니다.

그렇다면 우리는 어떻게 게임을 설치하도록 유도할 수 있을까요? 여기에 대한 정답은 바로 게임을 만든 회사에서 제작한 광고 영상에 90%가 담겨 있다고 이야기해도 과언이 아닐 정도입니다.

지금 당장 유튜브를 이용해 애드픽에서 진행하고 있는 '게임명 + 광고'라는 키워드로 검색을 해보시면 영상이 나옵니다.

3D게임, 2D게임, RPG게임, FPS게임, AOS게임 등등 어떤 것이라도 좋습니다. 그러면 공통점들을 찾을 수 있는데요, 바로 눈과 귀를 사로잡는 화려한 영상미! 이것이 핵심입니다. 다시 말해 비주얼이죠.

송지효(Song Ji-Hyo) 로드 모바일(LORDS MOBILE) CF

예를 들어 몇 가지 살펴보겠습니다. 로드 모바일이라는 게임의 경우 아기자기한 그래픽으로 사랑받는 게임인데요, 게임 플레이 화면으로 광고 시 큰 이목을 끌 수 없습니다. 그래서 멋진 시네마틱 영상을 제작해 실제 공성전의 주요 핵심 시스템을 영화와 같이 표현한 것을 볼 수 있습니다. 그 게임이 가지고 있는 가치를 제대로 표현해주는 것이라 볼 수 있습니다. 실제 플레이 그래픽 화면이 아니라요.

[Lineage M] 리니지M 최민식 TV광고

사전예약 이벤트 중이었던 '리니지M' 캠페인을 살펴볼게요. 여기에서는 게임 회사에서 강조하고 싶은 또는 핵심 가치를 알 수 있습니다. 게임 사전예약 캠페인 중이었던 리니지M을 클릭해보면 애드픽에서 친절하게도 유튜브의 게임 광고를 가져와 바로 볼 수 있도록 배려를 해놓았는데요,

강남의 테헤란로를 연상시키는 지역의 고층 빌딩에 있는 광고 모델 최민식은 고독한 분위기를 자아내 누가 보아도 어느 기업의 대표, 그러니까 연륜이 있는 성공한 사업가를 연상시킵니다. 여기에서 우리는 이 게임의 주요 타깃을 알 수 있는데요, 아저씨들이겠죠? 2000년도 이전에 탄생한 게임이 모바일로 그래픽의 발전 없이 그대로 옮겨오는 정도의 그래픽 퀄리티라 게임 화면으로 절대 이목을 집중시킬 수 없습니다. 오히려 마이너스가 될 수 있다는 점인데요, 그래서 주요 연령대는 바로 30~40대를 비롯한 20~50대를 커버하는 성공한 사업가의 고독함 속에 추억을 되살아나게 할 무언가가 나타났다는 메세지를 담고 있는 것으로 보입니다.

제가 생각했을 때는 수많은 게임 폐인과 오토시스템으로 말도 많고 탈도 많았던 이미지를 탈피하기 위한 배경과 모델이라고 할 수 있습니다. 이렇게 광고를 분석해보면 그 게임의 타깃과 목표 주제 그리고 나오지 않은 게임이라도 무언가 유추할 수 있을 만큼 다양한 단서들이 포함되어 있죠. 우리는 전문가들이 만들어놓은 게임 광고를 슬쩍 이용하기만 하면 되는 것이죠. 여기에는 자주 더 많이 접하면서 훈련이 필요로 합니다.

두 가지 게임의 광고 영상을 살펴보고 느낀 점이 있으신가요? 바로 비주얼과 신뢰의 상징 모델을 기용했다는 점입니다.

그래픽이 뛰어난 게임조차도 더 나은 시네마틱 영상으로 사람을 시선을 끌어모으고, 그래픽이 떨어지는 게임에선 아예 게임 그래픽 노출을 하지 않음으로써 단점을 감추는 것. 그 게임이 가지고 있는 분위기와 스토리만을 영상으로 표현한 것에 있습니다.

실제로 제가 게임 광고를 진행했을 때 게임 광고들을 분석하여, 실제로 접목하고 캠페인 진행 시 놀라울 만큼의 클릭률을 일으켰다는 것입니다. 결론적으로 이야기해서 광고 이미지를 보기 좋게 편집해 활용하는 것이 중요합니다.

게임 그래픽이 좋은 경우 → 게임 그래픽 + 광고 영상
게임 그래픽이 떨어지는 경우 → 게임 광고의 시네마틱 영상

결론만 보니 매우 간단하죠? 힘든 것 하나 없습니다. 유튜브나 게임의 홈페이지를 찾아 가장 화려하고 멋진 시네마틱 영상으로 광고를 해보세요. 매우 큰 효과를 얻을 수 있습니다.

플레이할 시간이 없다면
약탈(벤치마킹)하라!

이 부분은 다시 스티브 잡스의 이야기로 시작해보려고 합니다. 스티브 잡스는 해군보다 해적을 좋아한다고 했습니다. 해적은 약탈을 일삼는 매우 잔인하고 극악무도했던 대항해 시대의 어두운 그늘이라고 이야기할

수 있는데요, 세계 최강이었던 스페인 함대마저도 격파한 해적의 전략 전술이 바로 스티브 잡스가 추구했던 사상이었습니다.

스티브 잡스가 우리에게 유명 인사가 되고 추앙 받았던 것은 스마트폰을 만들었기 때문이라는 것을 누구도 부정할 수 없습니다. 아이러니하게도 스티브 잡스는 새로운 기술이 아닌, 이미 있던 기술들을 접목해 스마트폰을 만들었습니다.

우리도 잡스처럼 내가 개발하기보다 정당한 방식으로 다른 사람의 장점들을 흡수해 더욱 효율적으로 광고를 진행하는 방식을 배우면 매우 편리하다는 것이 핵심이에요.

게임을 광고하기 위해서는 그 게임에 대해서 제대로 이해하는 게 가장 좋습니다. 그러기 위해선 플레이해보는 것이 가장 좋지만 게임 시스템을 모두 이해하고 플레이하는 것은 시간적으로 비효율적이므로 이제부터 벤치마킹을 통해서 내가 알지 못한 그 게임의 큰 강점들을 하나씩 알아 나가는 과정이 필요합니다.

게임정보 습득루트

A. 먼저 애드픽의 캠페인 추천 소재나 영상 또는 구글이나 애플스토어의 게임 다운로드 페이지에서 게임 제작사가 설명하는 게임의 장점들을 기록합니다.

B. 유튜브를 통해서 게임 이름 + 광고 키워드로 검색해 게임의 광고 영상을 살펴봅니다. 여기에서 게임 영상을 다운받

아 편집을 통해서 가장 화려한 부분을 모아서 짧은 영상
으로 만들어 광고를 진행합니다.

C. 그리고 실제로 플레이를 하며 리뷰를 진행한 게임 블로거
들을 참고로 하여, 게임의 이슈, 플레이의 장단점을 찾아냅
니다.

나만의 무기를
갈고 닦으라(이미지 편집 툴)

게임 캠페인의 경우에
더욱더 필요한 것이 있는데요, 바로 이미지 또는 영상 편집 툴
을 이용해 더 중요한 곳은 강조하고 버릴 곳은 버리는 편집의
과정을 통해서 더욱 퀄리티와 집중도가 뛰어난 캠페인 광고용
이미지를 만들어낼 수 있는데요.

게임 광고용으로 가장 추천하는 그래픽 툴은 포토샵 + 프리
미어프로입니다. 장기적으로 보았을 때 배워두시면 캠페인의 소
재를 재활용하는 데 굉장히 편리한 점이 많기 때문에 배워두시
길 추천합니다. 저는 프리미어프로를 이용해 페이스북용 영상
편집은 물론 네이버 광고용 게임 움짤까지 만들고 있습니다.

다만 이런 부분들이 시간과 노력이 걸리는 부분이기 때문에
이미지나 움짤 부분에서는 포토 스케이프라는 간단한 그래픽
툴을 이용하는 정도의 기본 기술은 꼭 사용해 나의 캠페인 광

고에 더 큰 가치를 만들길 바랍니다.

게임 캠페인 공략
(페이스북&카카오스토리)

페이스북과 같은 소셜 네트워크 서비스에서 게임 광고를 진행하는 방법은 몇 가지가 있습니다. 광고 효과는 더 많이 편집할수록 더 큰 효과를 발휘하게 됩니다.

첫째, 애드픽 소재나 유튜브 등의 광고 영상을 다운로드받아 그대로 올린다.
둘째, 영상의 하이라이트를 편집하여 광고를 진행한다.
셋째, 이벤트 등의 게임 광고 이미지를 활용한다.

위와 같이 3가지로 크게 압축할 수 있는데요, 영상의 경우 플레이 시작 후 5초 내로 닫을 확률이 매우 높은 것을 아시죠? 그래서 영상이 시작하면서부터 바로 승부를 볼 수 있는 강력한 흥미와 이목을 끌 수 있는 스펙터클한 화면을 처음부터 끝까지 이용해 영상 시청률을 늘리는 것이 중요합니다.

그 시작이 바로 영상의 시작 화면인 섬네일입니다. 이 섬네일도 매우 중요합니다. 아래는 섬네일로 잡았을 경우 클릭률을 올릴 수 있는 예시입니다.

  A. 그 게임의 실제 게인 여성 모델

  B. 여성미가 부각된 게임 내의 여성 캐릭터

  C. 궁금증을 자아내는 이미지는 무엇일까?

  D. 확인해보고 싶게 만드는 이미지는 정말일까?

영상의 섬네일을 그대로 사용하는 것도 나쁘지 않지만 위와 같은 항목이 포함된다면 더욱 큰 클릭률을 발생시켜 영상을 볼 확률을 끌어올릴 수 있습니다. 잘 편집되어 플레이하고 싶게 만드는 영상의 시청을 통해 실제로 우리가 원하는 전환의 과정을 밟을 수 있게 되는 것입니다.

여기에 다양한 이벤트 요소 등을 활용해 공략할 수도 있지만 가장 기본이 되면서 중요한 것이 위와 같은 비주얼을 활용한 광고 마케팅 전략이라고 감히 말씀드릴 수 있으니 꼭 활용하여 클릭률과 전환을 늘릴 수 있도록 연구하시기 바랍니다!

게임 캠페인 공략
(블로그&네이버)

네이버 플랫폼의 블로그, 카페, 포스트 등의 SNS에 게임을 광고하는 가장 효율적인

방법도 2가지로 압축하여 소개해드리도록 할 텐데요,

첫째, 움짤을 이용하는 것입니다. 이미지와 글을 이용해 아무리 잘 적어도 실제 게임의 플레이 부분에서 뛰어난 임펙트를 보여주는 게임 영상이나 시네마틱 영상을 담은 움짤은 글과 이미지에 비교할 수 없는 충성도를 끌어낼 수 있습니다. 영상을 넣는 것도 좋은 방법이나 클릭을 해야만 내가 원하는 영상을 보여줄 수 있다는 치명적인 단점이 있기 때문에 최소한의 용량으로 최대한의 그래픽 또는 시네마틱 영상 편집 움짤을 이용해 광고를 진행해보시면 차원이 다른 클릭률을 발생시킬 수 있을 것입니다.

둘째, 게임 광고의 키워드는 게임 이름 이외에도 다양합니다. 내가 광고하려고 하는 게임의 이름으로 광고를 진행해 노출을 시킬 수도 있겠지만 게임 이름으로 게임을 진행하려고 하는 경우에는 이미 유저가 게임을 설치한 경우가 많을 수 있습니다. 그래서 우리는 게임 이름 이외에 다양한 키워드를 활용해 게임 캠페인을 노출시켜야 할 필요성이 있습니다. 그 방법으로 다양한 키워드를 활용해 캠페인을 진행하는 것인데요,

'원티드킬러 for Kakao' 게임 캠페인을 예를 들어 키워드를 뽑아보겠습니다.

A. 게임 이름 : 원티드킬러

B. 제공사 : 카카오게임 추천

C. 게임 장르 : 모바일게임, FPS게임, 총 게임, 슈팅 게임, 건슈
   팅 게임

지금 머리에서 바로 생각나는 것들만 작성한 것인데 굉장히 많은 키워드들이 나왔습니다. 이 키워드들을 자신의 블로그나 이용하는 카페의 활성도, 최적화율에 따라 다양하게 적절히 활용하세요. 클릭률과 전환율 통계를 통해 잘 되는 방법을 키워드와 캠페인, 소재 등을 압축해나가는 과정을 거치면서 더 큰 전환율을 끌어낼 수 있도록 진행하시면 됩니다.

블로그 검색에 잘 걸릴 수 있는 대박 노하우!
_무전칠자

블로그로 수익 활동을 할 때 가장 중요한 부분은 검색에 잘 걸리는 것입니다. 정성 들여 작성을 했는데, 검색에 노출되지 않으면 당연히 사람들이 들어오지 않고, 결과적으로 수익이 나지 않습니다. 사람들이 어떤 단어를 많이 써서 검색하고, 똑같은 내용이라도 어떤 단어들을 써야 검색에 잘 걸리는지 노하우를 공개하겠습니다.

이 노하우는 네이버 검색 키워드 도구를 활용하여 효과적인 키워드 추출 방법입니다. 네이버에서는 사람들이 어떤 단어를 얼마만큼 검색하는지를 알려주는 서비스를 제공하고 있습니다. 그것이 바로 '네이버 검색 광고 도구'인데, 일반 사람들이 보는 네이버 화면에서는 보이지 않고, 다음의 주소(https://searchad.naver.com)로 들어가야 볼 수 있습니다.

네이버 검색 광고

여기서 보면 로그인 창이 있는데, 우리가 가지고 있는 네이버 아이디로는 로그인을 할 수가 없고 새로 회원 가입을 해야 합니다. 광고주로 가입을 하는 것이지만, 걱정하지 마세요. 돈 드는 거 하나도 없습니다.

일단 회원 가입을 하고, 로그인을 하면 로그인 아래쪽에 보이는 파란색의 '새로운 광고 시스템'이 보일 것입니다. 여기를 클릭하여 광고 시스템으로 넘어갑니다.

광고 시스템으로 가서 상단의 [도구] → [키워드 도구]로 들어가게 되면 키워드 분석 도구 화면으로 들어가게 됩니다. 여기서 우리는 어떤 주제에 대해 사람들이 어떤 단어로 얼마만큼 많은 검색을 하는지를 확인할 수 있습니다. 보통 우리는 '모바일 게임'이라는 키워드로 리뷰 글을 쓰는 경우가 많습니다. '모

제2의 월급 : 인플루언서 마케팅

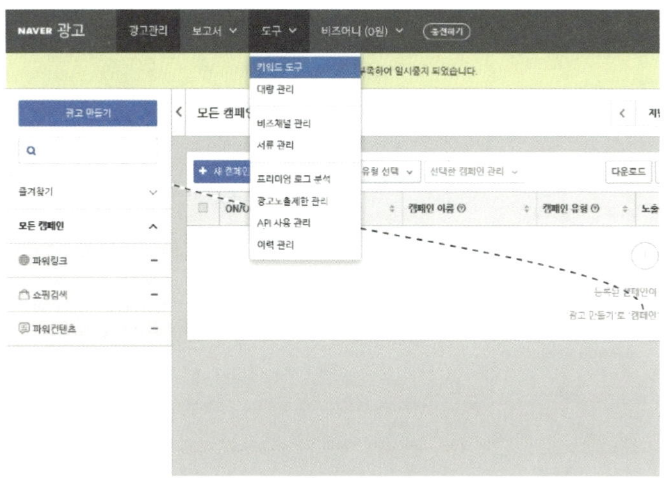

바일 게임'으로 키워드 검색을 살펴볼까요?

이렇게 보면, 모바일 게임뿐만 아니라, 그것과 연관된 검색어까지 한 달간 얼마만큼 검색이 되었고, 모바일과 PC에서 어떻게 검색되었는지를 한눈에 알아 볼 수 있습니다.

여기서 우리에게 중요한건 '모바일 검색'입니다. 애드픽은 스마트폰에 애플리케이션을 설치해야 수익 인정을 받습니다. 그러므로 사람들이 모바일로 검색을 해서 들어왔을 때, 노출이 되고, 그 리뷰 글을 보다가 바로 다운로드 링크를 눌러서 설치하도록 하는 것이 최상의 시나리오이기 때문이죠.

따라서 중간쯤에 보이는 '재미있는 게임'은 별로 좋은 키워드는 아닙니다. 왜냐하면 사람들은 PC를 통해 '재미있는 게임'을 두 배 넘게 더 많이 검색하기 때문이죠.

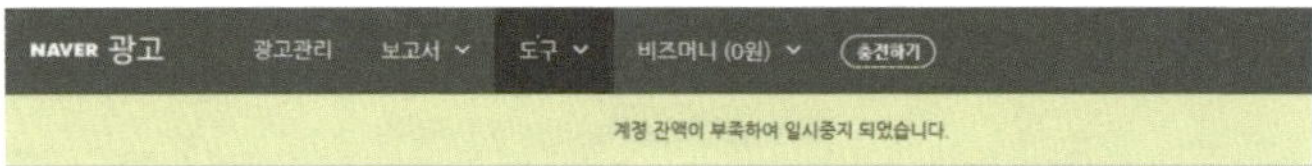

키워드 도구 '파워링크 캠페인' 의 새로운 키워드를 발굴하고 입찰가 결정까지 한번에 해보세요. 도움말

연관키워드 조회 결과 (1,000개) 다운로드 / 필터

전체추가	연관키워드	월간검색수		월평균클릭수		월평균클릭률		경쟁정도	월평균노출 광고수
		PC	모바일	PC	모바일	PC	모바일		
추가	모바일게임	23,300	35,600	18.1	3	0.08%	0.01%	높음	15
추가	APP	3,350	4,650	2.9	0	0.1%	0%	높음	15
추가	모바일게임순위	39,300	59,200	269.8	57	0.73%	0.1%	중간	10
추가	핸드폰게임순위	2,220	5,420	68.1	36	3.33%	0.72%	중간	5
추가	재미있는게임	30,400	13,700	186.3	4.7	0.61%	0.03%	높음	15
추가	도미네이션즈	2,670	7,490	3	1	0.24%	0.03%	중간	1
추가	브랜드소개	320	70	0	0	0%	0%	중간	2
추가	모바일MMORPG게임순위	1,770	3,190	41.7	5.7	2.53%	0.2%	낮음	3
추가	스마트폰게임	2,220	3,820	5.3	0.7	0.26%	0.02%	높음	3
추가	게임부PC	280	70	0	0	0%	0%	낮음	0

이렇게 모바일로 검색이 많이 되는 기준으로 정렬을 해서 보면, 최근 페미니즘 논란으로 '페미니스트' 검색이 압도적으로 많습니다는 것을 볼 수 있습니다. 특히 PC에 비해 엄청나게 많은데, 이건 아무래도 트위터와 같은 SNS에서 논란이 많이 발생하면서, 연관 검색어에 묶인 것으로 볼 수 있습니다. 즉, 일반적인 상황은 아니라는 것이고, 잘 보면 '모바일 게임 순위'와 '모바일 게임 추천'이 비슷한 정도의 검색량을 보이는 것을 알 수 있습니다.

제2의 월급 : 인플루언서 마케팅

그렇다면 어떤 것을 고르는 것이 더 효과적일까요? 여기서 주의 깊게 봐야 할 것은 월간 검색 수 칸 옆의 월 평균 클릭 수에 있는 수치입니다. 사람들이 검색을 많이 하는데, 해당 관련 글을 클릭하지 않으면 아무 소용이 없습니다.

여기서 보면 '모바일 게임 순위' 키워드의 클릭 수는 57건, '모바일 게임 추천' 키워드의 클릭 수는 7.7건으로 7배가 넘는 차이를 보이고 있습니다. 그래서 게임 애플리케이션을 홍보할 때 가장 좋은 키워드는 '모바일 게임 순위'입니다. 그러면 가장 효과적인 블로그 글 제목은 대략 다음과 같은 식이면 좋겠죠.

'이달의 모바일 게임 순위'

'○○○가 뽑는 모바일 게임 순위'

이게 끝이 아닙니다. 이렇게 제목을 잡아서 블로그 글을 쓴다고 해도 그것이 검색 결과의 최고 상단에 노출된다는 보장은 없습니다.

다음 화면을 볼까요.

제2의 월급 : 인플루언서 마케팅

‘모바일 게임 순위’로 검색을 했을 때, 이 키워드를 쓴 블로그 글이 27,906개나 됩니다. 그중 최소한 5위 안에는 들어야 사람들 눈에 띄고 검색이 됩니다는 것입니다. 그렇다면 어떻게 하면 검색 결과의 상단에 노출이 될 수 있을까요?

블로그 검색엔진에 잘 노출되는 핵심 노하우!
_무전칠자

블로그 지수란 무엇인가?

온라인상에는 수백 만 개의 블로그가 있습니다. 이 중 사용자가 어떤 검색어를 넣어서 검색했을 때, 그에 해당하는 블로그만 해도 수천, 수만 개가 될 것입니다. 그렇다면 검색엔진은 이 중 어떤 블로그를 가장 위에 노출시키고 어떤 블로그를 아래쪽에 노출시키게 될까요?

당연히 양질의 블로그를 위에 올리고, 질이 낮은 블로그는 최대한 검색 노출에서 아래에 보이게 할 것입니다. 여기서 어떤 블로그가 얼마만큼 좋은 블로그인지를 나타내는 점수가 바로 블로그 지수(Blog Search Index)입니다.

이 블로그 지수를 결정하는 기준, 즉 '어떤 블로그가 좋은 블

제2의 월급 : 인플루언서 마케팅

로그인가?'를 따지는 기준은 사실 검색 업체(구글, 네이버)마다 다르고, 또 각 검색 업체 안에서도 시간에 따라 다르게 적용을 하기 때문에 딱 이렇다 저렇다 말하기는 어렵습니다. 다만 여러 사람들의 연구 결과 정확하게 계량화하기는 어렵지만 어떤 공통된 대략의 기준이 나왔고, 그중에서 중요한 부분은 다음과 같습니다.

•• 블로그 지수 중요 항목들 ••

1) 활동성 : 오래 운영한 블로그일수록, 또 블로그에서 작성한 글의 양이 많을수록 신뢰도가 높다. 또한 최근 시점에도 지속적으로 새로운 글이 올라오는 블로그가 좋은 블로그다.

2) 블로그 자체의 인기도 : 페이지 뷰 수가 높거나, 방문자 수가 많거나, 외부 다른 사이트/블로그에서 링크를 많이 건 블로그일수록 좋은 블로그다.

3) 해당 글 자체의 인기도 : 검색 단어와 일치하는 블로그 글이 많은 사람들에게 읽혔고, 댓글이나 참여가 높은 글일수록 좋은 글이다.

참고로 온라인에 보면 블로그 지수를 확인해주는 몇몇 사이트들이 있습니다. 개중에 몇 군데는 없어졌고, 국내에서 서비스를 운영하는 곳이 몇 군데 있는 것으로 보입니다. 이 글을 읽는 사람이 해당 사이트를 이용하는 것은 개인의 자유이나, 개인적으로는 이용하는 데 조금은 주의하시라고 말씀드리고 싶습니다. 왜냐하면 일단 해당 사이트에서 제공하는 순위 지수가 정확하다는 보장이 없습니다. 해당 로직이 얼마나 정밀한지, 그 결과가 얼마만큼 정확한지에 대한 근거도 확실하지 않습니다. 또한 정확하지는 않으나, 해당 사이트가 겉으로 블로그 지수를 분석해준다는 이유로 사용자들의 블로그 정보를 수집하고 있는 것으로 보입니다. 이렇게 수집한 블로그 정보를 가지고 다른 마케팅에 활용하는 것으로 보인다는 것입니다(물론 블로그 마케팅을 하려는 여러분 입장에서는 그렇게 마케팅 업체와 연결되는 것도 나쁘지는 않을 수 있습니다. 그러니 각자 판단해서 사용해보시기 바랍니다).

블로그 지수를 높이는 법

앞서 우리는 블로그 지수에 대해 알아봤습니다. 그렇다면 여기서 알 수 있는 건 뭘까요? 검색엔진에서 사람들은 어떻게 해서든지 '일반인이 오랜 시간 정성을 들여 가꾸고 만든 블로그에서 진정성 있고 믿을 만한 정보'를 얻으려고 엄청나게 애쓴다는 것입니다(그리고 상업적인 목적을 가진 광고는 자신들이 보유하고 있는 광고 프로그램을 통해 유료로 광고를 하게 하고 있습니다).

그래서 블로그 글을 통해서 광고를 하려고 하는 소위 업자 블로그를 최대한 검색에서 노출시키지 않으려고 애쓰고, 일반인의 진정성 있는 블로그를 노출이 잘되게 하려고 합니다. 앞서 말한 블로그 지수도 그러한 노력에서 나온 인공 지능 알고리즘인 것입니다. 그러면 우리는 어떻게 해야 할까요?

정답은 하나입니다. 열심히, 진정성 있게 블로그를 쓰면 됩니다. 간간이 홍보 리뷰도 써주고 말입니다. 정성 들여 작성하고 좋은 정보랑 같이 섞으면 검색엔진이 광고 블로그로 판단할 일도 없고, 수익은 수익대로 벌고, 광고주는 광고주대로 좋은, 일석 삼조를 얻을 수 있는 것입니다. 너무 교과서적인가요? 전혀 그렇지 않습니다. 왜 그런지는 뒤에 저품질 블로그 부분에서 이야기 하겠습니다. 열심히 진정성 있게 쓰는 건 좋은데, 남들이 알아보기도 어렵게 혼자만 열심히 쓴다면 그것도 검색엔진에 잘 걸릴까라는 궁금증이 들 수도 있습니다.

그렇지는 않습니다. 단순히 블로그 지수를 높이는 것도 중요하지만, 글 자체의 퀄리티와 가독성 부분도 사실 중요한 부분입니다. 그래서 검색엔진 로직에는 각 글의 구성과 분량에 대해서도 로직이 적용되어 있습니다. 이 부분도 여러 사람마다 주장하는 바가 조금씩 다르기는 하지만, 대략적인 기준은 다음과 같다고 합니다(특히 네이버의 경우).

3장 인플루언서 마케팅 노하우

1) 하나의 글이 작성자가 직접 찍은 사진 3~4개로 구성되고 최

   소한 500자 이상으로 구성된 어느 정도 길이가 있는 글

2) 위의 글이 적어도 60개 이상 작성이 되어 있는 블로그

이런 조건을 만족하는 블로그를 '최적화 블로그'라고 부릅니다. 즉, 이 글을 읽는 사람이 새로 블로그를 만든다면, 하루에 1개씩 위와 같은 조건을 충족하는 글을 꾸준히 작성한다면 최소한 2개월, 만약 하루에 2개씩 쓴다면 1개월 정도가 지나면 최적화 블로그를 만들 수 있는 것입니다. 이렇게 블로그가 최적화가 되면, 처음에 작성했던 글이 그 당시에는 검색엔진에 잡히지도 않았지만, 최적화가 된 시점부터는 과거의 글도 동시에 검색에 걸린다고 합니다. 자, 그럼 이런 최적화 블로그만 만들면 끝일까요? 그렇지 않습니다. 이렇게 최적화가 된 블로그 숫자도 한두 개가 아니기 때문에 최적화 블로그들 사이에서는 또 다른 검색 순위 경쟁이 존재합니다.

그런데 여기까지의 이야기가 바로 2016년 하반기까지의 이야기였습니다. 그 이후부터 갑자기 네이버에서 검색 로직을 대대적으로 바꾸며 지각변동이 일어난 것입니다. 그러면서 지금까지 진리처럼 사용되던 '최적화 공식'들이 거의 쓸모없게 되었고, 최

적화 공식을 바탕으로 기계적으로 블로그를 만들어내는 공장들도 수없이 문을 닫게 된 것입니다. 기존의 블로그 마케터들도 엄청 혼돈에 빠졌고, 아직도 새롭게 바뀐 로직이 어떤 것인지 명확하게 밝혀진 것이 없습니다. 서로 자기가 옳다고 주장하는 혼파망의 시대가 지속되고 있는 상황입니다.

자, 그러면 우리는 어떻게 할까요? 우리는 업자도 아니고 이렇게 바뀐 네이버 검색 로직이 어떤 건지도 모르는 처지입니다. 또 앞으로 어떻게 바뀌게 될지도 모르는 상황이기도 하고 말입니다. 하지만 단 한 가지 변하지 않는 것이 있습니다. 바로 네이버 운영 정책의 대전제, 일반인이 진정성 있게 작성한 블로그가 검색에 잘 걸리게 하자는 기본 대원칙이 그것입니다.

이제 왜 '진정성과 애정을 가지고 블로그를 만들라'는 교과서 같은 말을 했는지 이해가 가시나요? 검색 로직이 아무리 바뀌어도, 주변 상황이 변해도, 검색엔진의 궁극적인 목적이 변하지 않는 한, 그리고 우리가 진정성 있는 블로그를 운영하는 한, 그 안에서 우리는 새로운 기회들을 발견할 수 있을 것입니다. 여기까지는 계속해서 지겨운 교과서적인 말이고, 좀 부가적인 노하우를 드리자면 다음과 같습니다.

1) 사진을 퍼오면 안 된다 : 어쩔 수 없이 사진을 퍼올 때에는 수정을 해야 한다. 가장 손쉽게 수정하는 방법은 나 자신에게 카톡으로 사진을 보내는 것이다. 나한테 온 사진을

다운받아서 블로그에 사용하면 네이버에서는 이 사진을 새로운 사진으로 생각한다.

2) 최적화가 되기 전까지는 홍보 활동을 자제한다 : 꾹 참고 인내하면 나중에 그 결실이 클 것이다(최적화가 되었는지는 본인이 최근에 쓴 글을 검색해보면 된다. 첫 페이지 상단에 뜨면 최적화가 된 것이다).

3) 서로 이웃추가와 댓글을 열심히 달아준다 : 남의 글에 열심히 달아줘야 남도 내 글에 댓글을 달아준다.

4) 가장 중요한 점, 내가 정말 관심 있고 좋아하는 내용으로 블로그 콘셉트를 잡는다 : 앞서 말했듯이 매일매일 글을 쓰는 것은 정말 보통 노력으로 되는 일이 아니다. 두 달이라는 시간 동안 아무 소득 없는 행위를 하면서 내가 지금 이 짓을 왜 하고 있냐는 생각이 들 수도 있다. 따라서 정말 내가 좋아하는 내용으로 써야 글을 작성하는 시간 동안의 괴로움을 덜어준다(글을 작성하는 데 걸리는 시간도 훨씬 단축되어 능률적이다).

제2의 월급 : 인플루언서 마케팅

저품질
블로그란?

저품질 블로그란 앞서 말한 최적화 블로그와 반대되는 개념입니다. 과도하게 홍보 마케팅을 할 경우 네이버에서 '업자 블로그'라고 낙인을 찍어버리는데, 그렇게 되어 검색엔진에 노출이 안 되는 블로그가 바로 여기에 해당합니다. 저품질 블로그로 걸리는 기준도 수많은 이론이 있는데, 대략 정리를 해보면 다음과 같습니다.

1) 갑자기 방문자 수가 폭증하는 경우(전문 용어로 트래픽이 튄다고 한다) : 이러면 검색엔진은 해당 블로그에 어떤 광고성 글이 올라온 것으로 판단한다. 아이러니하게도 정말 파워 블로거의 경우 네이버 메인 페이지에 블로그가 노출되는 경우가 있다. 그럴 경우 해당 날짜 동안에 트래픽 폭탄을 맞게 되는데, 그 트래픽으로 인해 검색엔진이 광고 블로그로 인식을 하게 되고, 저품질 딱지를 맞아 사망하는 경우가 있다(네이버의 검색 로직을 탓하자).

2) 블로그 글 안에 외부로 연결되는 링크가 많은 경우 : 링크가 특정 상업 회사로 연결하는 거라면 광고성 블로그로 판단한다(도메인 끝이 .org 나 .go.kr/.edu 이런 공공 도메인이면 좀 낫다고 한다).

3) 블로그의 글이 지나치게 자주 수정되거나, 생성/삭제가 반
복될 경우 : 특히, 불법적인 광고(성인 광고나 도박 광고) 블
로그로 판단되기 쉽다. 물론 무조건 수정한다고 그렇게 되
는 건 아니고 정상적인 범주를 벗어날 경우를 말한다.

저품질 블로그에서
벗어나기

이것 역시 수많은 사람
들이 갑론을박을 하는 문제라 딱 잘라 이야기하기 어렵습니다.
한번 저품질이 되면 절대 복구가 안 된다는 사람, 다시 꾸준히
글을 올리면 복구가 된다는 사람, 원래 저품질이란 없다는 사람
등등. 자세하게 궁금한 사람은 구글에 검색을 해서 찾아보시기
바랍니다.

제2의 월급 : 인플루언서 마케팅

애드픽으로 자신만의 **패션 브랜드 런칭**을 꿈꾸다

'애드픽을 만드는 사람들' 일곱 번째는 패션 디자이너를 꿈꾸는 호랭이 님의 인터뷰입니다. 애드픽 활동을 기반으로, 자신만의 패션 브랜드 런칭을 꿈꾸고 계시다고 합니다. 특히 함께 활동하고 있는 팸과 팸원들에 대한 깊은 애정도 돋보이는 호랭이 님의 이야기를 소개합니다!

Q. 안녕하세요. 간단히 자기소개 부탁드립니다.

안녕하세요. 애드픽에서 '호랭이'로 활동하고 있는 전상현이라고 합니다. 지금 페북왕 님과 같은 사무실에서 전업 인플루언서로 활동하고 있어요.

Q. 애드픽 활동은 어떻게 시작하게 되셨나요?

자유롭게 시간을 쓸 수 있으면서도, 만족할 만한 수익을 올릴 수 있는 일을 찾고 있었어요. 그러던 중 애드픽을 접하게 되었죠. 수익을 조금씩 내면서 공부를 하다 보니 시간에 구애받지 않는다는 점과 수익에 한계가 없다는 점에 큰 매력을 느껴 전업으로 활동하기 시작했어요.

Q. 인플루언서로 활동한 후, 삶에 어떤 변화가 있으셨나요?

패션 디자이너를 꿈으로 일과 공부를 병행했는데 제 시간이 없어서 너무 괴로웠어요. 마침 그때, 애드픽을 만난 걸 참 감사하게 생각하고 있어요. 초반 투자금 없이 하는 만큼, 노력하는 만큼 수익을 보여주니 오히려 순간순간에 집중하게 되고 얻은 수익을 기반으로 자신감 또한 되찾았거든요. 인생의 전환점을 맞은 것 같아요.

Q. 인플루언서 활동은 주로 어떤 홍보 채널에서 하고 계신가요?

현재는 블로그, 카페, 지식인, 페이스북, 인스타그램 등 주력 채널이라고 할 것 없이 다양하게 활용하고 있어요. 최근에는 블로그를 키우기 시작했는데 큰 재미를 느끼고 있어요. 글 쓰는 재주는 부족하지만 제가 가진 지식을 나누는 느낌이 좋고, 댓글로 반응해주시는 분들 한 분 한 분 너무나 감사한 마음이 들더라고요. 그래서 앞으론 블로그를 주력 채널로

제2의 월급 : 인플루언서 마케팅

삼고 싶은 마음이 들어요. 페이스북처럼 엄청난 수익을 바랄 수는 없겠지만, 꾸준히 소소하게 소통하는 재미를 느끼고 싶어요.

Q. 활동 기간과 수익은 어느 정도인지 여쭤봐도 될까요?

처음 시작은 작년 10월 즈음이에요. 하루 네 시간 투자하고 월 200만 원 수익을 맞추기 위해 노력하고 있어요. 평균적으로는 그 이상이고요. 노하우라고 할 건 없지만 항상 효율성에 대해 고민하고, 항상 배우는 자세로 많은 정보를 습득하는 것 정도를 꼽고 싶어요. 이 채널 저 채널 많이 부딪혀보면서 본인에게 맞는 채널을 찾는 것 또한 굉장히 중요한 것 같고요.

Q. 커뮤니티 및 팸 활동도 활발히 하고 계신 걸로 알고 있어요. 팸 활동은 어떤가요?

제가 소속된 팸은 '글자팸'이에요. 처음 시작하면서 아무것도 모를 때 팸에 처음 가입했는데, 모든 분들이 정말 친절했어요. 중간에 들어온 분도 계시지만 거의 처음 들어왔을 때 멤버들이 그대로예요. 항상 단톡방에서 응원해주시고, 맛있는 거 사주시면서 많은 대화도 나눠요. 특히 페북왕 님은 온라인에서 시작된 작은 인연으로 지금은 같은 사무실을 쓰고 있는 동료로 발전했어요. 온라인 마케팅의 가장 큰 적은 외로움이라던데 그런 걸 느낄 틈도 없이 따뜻한 마음으로 응원해주시는 분들이 항상 있다는 것이 큰 장점이 아닐까 생각헤요.

Q. 강의도 하고 계신다고 들었어요! 어떻게 시작하게 되셨고, 앞으로의 계획은 어떻게 되나요?

스무 살, 스물한 살 때 우연히 강의를 몇 번 해본 적이 있어요. 어린 나이에 한 강의였지만 그때 강의를 들으셨던 분들과 아직도 연락을 하고 있어요. 최근에는 인플루언서 활동을 시작하면서 팸원들에게 제가 얻은 수익 구조에 대해서 설명해드리고 있어요. 효과가 좋아서, 이를 기반으로 온라인 강의도 했어요. 그런데 대부분의 분들이 듣기만 하면 가만히 있어도 수익이 나는 줄 알고 들었다고 하시더라고요. 그래서 인플루언서 관련 교육은 내려놓고, 어릴 적에 하던 강의를 다시 열고 싶어요. 마음에 관한 이야기인데 애드픽을 통해 제 채널을 키우고 활용하는 방법을 배웠으니 많은 분들에게 제 이야기를 들려드릴 수 있을 것 같아서 기대가 되네요.

Q. 초반에 원하는 수익이 나지 않아 쉽게 포기하시는 분들에게 경험자로서 하고 싶은 조언이 있나요?

초보자들에게 제가 드릴 수 있는 조언은 쉽게 생각만 하지

제2의 월급 : 인플루언서 마케팅

말고 직접 행동하면서 몸으로 도전하는 자세가 중요하다고 말씀드리고 싶어요. 고수익을 내시는 분들을 보면 항상 도전하고 실패하면서 성장하시는 것 같더라고요! 어떤 일이든 하루아침에 성공할 순 없으니 여유를 갖고 본인의 노하우를 축적하면 좋겠습니다!

Q. 앞으로의 계획이 궁금해요.

개인적인 목표라면 하루 네 시간 일하고 월 천만 원씩 벌어가는 게 목표예요! 시간을 좀 더 자유롭게 활용하고 싶고, 여행을 많이 다니고 싶어요. 그리고 제 패션 브랜드를 런칭하고 싶습니다. 그런 기반을 쌓기 위해서 인플루언서라는 건 정말 매력적인 것 같아요. 그리고 꼭 올해 안에 솔로 탈출하고 싶어요!

Q. 마지막으로 호랭이 님에게 애드픽이란? 그리고 인플루언서란?

새로운 도전의 장, 조금 더 큰 꿈을 그릴 수 있는 기회의 장, 그리고 적은 시간을 들여 고수익을 낼 수 있는 꿈의 직장!

http://influencer.cafe

마케터가 된 **공학도**

'애드픽을 만드는 사람들'의 아홉 번째 주인공은 마케터가 된 공학도 맛집탐방 님입니다. 인플루언서 마케팅을 애드픽으로 처음 시작하여 애착이 남다르셨는데요. 직접 애드픽에 방문하여 인터뷰를 진행했습니다. 자신만의 마케팅 어플을 만드는 등 끊임없이 새로운 마케팅에 도전하는 모습이 인상 깊었습니다. 복수 전공으로 경영학을 선택하여, 공학을 접목한 마케팅을 만드는 게 목표라는 맛집탐방 님! 자신만의 길을 개척하고 있는 이야기를 한번 만나볼까요?

Q. 안녕하세요, 간단히 자기소개 부탁드립니다.

안녕하세요. 저는 경희대학교 공과대학에 재학 중인 최주원이라고 합니다. 애드픽에서는 제 취미이자 직업이 되어가는

'맛집탐방'이라는 닉네임으로 활동하고 있어요.

원래 한번 꽂히면 정신없이 하는 성격이라, 사실 저도 어떻게 시작하게 되었는지도 잘 기억도 안 날만큼 정말 운명적으로 하게 되었어요. 이전에도 순전히 재미있어서, 학교 맛집 페이스북 페이지나 개인 블로그를 운영하고 있었어요. 그러다 다양한 온라인 채널과 평소에 관심을 가지고 있던 마케팅을 접목할 수 있는 것을 알게 되었는데, 그게 바로 인플루언서 마케팅과 애드픽이었어요.

다양한 채널에서 골고루 활동하고 있어요. 페이스북, 블로그, 카페 등 정말 다양해요. 그중 애정이 남다른 건 블로그예요. 블로그의 장점은 다른 채널보다 상세한 설명이 가능하다는 거예요. 직접 어플을 사용하고 자세한 후기를 남기기 때문에, 기존에 그 어플을 몰랐던 사람들도 새로운 매력을 발견하고 애플리케이션의 유저로 바뀔 수 있죠. 그리고 블로그 이웃들과 소통하면서 도움을 줄 때마다 뿌듯하기도 해요. 또 블로그는 수익과 별개로 여러 가지 협찬이 많이 들어오는 장점이 있답니다.

Q. 다른 채널로 확장할 계획도 있으신가요?

인플루언서 마케팅의 특징 중 하나는 유동적이라는 거예요. 그래서 항상 새로운 채널을 많이 고민하고 있어요. 최근에는 관련된 어플도 직접 만들었을 만큼 관심이 많습니다. '재키재키'라는 어플이니 다운 많이 받아주세요!

Q. 인플루언서로 활동한 후 삶에 어떤 변화가 있으셨나요?

저의 솔직한 후기가 다른 사람에게 유용한 정보가 되었을 때 뿌듯함을 느껴요. 파급력 있는 사람이 되었다는 느낌에 자부심도 있고요. 평소에 마케팅에 관심도 많았기 때문에 이런 경험은 굉장히 소중합니다.

Q. 대학생이라 인플루언서 활동에 더 좋은 점도 있을 것 같아요.

대학생이라 여러 대외 활동을 하면서 다양한 사람들을 만날 수 있어요. 자연스럽게 채널이나 리뷰에 대해서 많은 피드백을 받을 수 있죠. 다양한 피드백은 지속적인 발전에 도움이 돼요. 또 활동 채널이 워낙 익숙한 상태라 접근이 쉬웠고, 타깃을 10~20대로 잡아 같은 또래 입장에서 그들의 필요와 취향을 파악할 수 있던 것도 장점인 것 같아요.

Q. 다른 대학생 친구들은 주로 카페나 레스토랑에 아르바이트를 많이 하잖아요. 그런 주변 친구들과 자신을 비교해봤을 때

제2의 월급 : 인플루언서 마케팅

사실 저도 작년까지만 해도 일반적인 아르바이트를 했었어요. 그러다 인플루언서 마케팅을 하게 됐는데, 제일 좋은 건 편하다는 거예요. 정해진 시간이 아니라, 틈틈이 시간을 할애할 수 있다는 게 좋아요. 주변 친구들에게도 권한 적이 있는데, 그 친구들도 저처럼 수익을 많이 올리고 만족스러워하더라고요.

Q. 애드픽만의 매력은 뭐라고 생각하세요?

애드픽은 엄격한 면이 있어요. 그래서 덕분에 깨끗한 인플루언서 마케팅 시장을 만들 수 있는 것 같아요. 모니터링으로 어뷰징(부정 홍보)을 방지해주어 광고주 신뢰도가 높아 여러 가지 캠페인이 있을 수 있는 것 같아요. 그리고 인플루언서와 공생하려고 하는 게 많이 느껴져요. 애드픽 회사의 성장뿐만 아니라, 인플루언서의 성장에도 관심을 가져주는 모습에 호감이 갑니다. 인플루언서 수익 누락도 적고 피드백도 빨라서 아주 깔끔한 플랫폼이라 생각합니다.

Q. 활동 기간과 수익은 어느 정도인지 여쭤봐도 될까요?

인플루언서 활동한 지는 1년 좀 안 됐어요. 용돈과 본업의 사이(?) 정도인 것 같아요. 애드픽으로 번 돈을 모아 등록금으로 낸 적도 있어요. 이렇게 할 수 있었던 비결은 놀 때도 정말 열심히 놀지만 틈틈이 계획표를 짜는 꾸준함 때문인 것 같아요. 현실에 안주하지 않고, 다른 사람들의 리뷰 콘텐츠를 많이 보면서 계속 공부하고 있어요. 또 다른 비결은 사고의 전환이에요. 홍보하는 사람 입장이 아닌, 유저의 입장에서 생각하며 리뷰를 쓰고 있어요.

Q. 초반에 원하는 수익이 나지 않아 쉽게 포기하시는 분들에게 경험자로서 하고 싶은 조언이 있나요?

저도 초반에는 수익이 잘 나지 않아 고민이 많았어요. 그래서 다른 인플루언서들을 만나 의견도 많이 물어보고, 마케팅 강의를 들으러 가기도 했어요. 특히, 애드픽 스쿨 2기, 3기에 참여한 후로 조금의 팁을 얻어 성장할 수 있었습니다.

Q. 인플루언서 마케팅에 대해 어떻게 생각하세요?

다른 사람들에게 유용한 정보를 주면서 자연스럽게 홍보할 수 있는 시스템이라고 생각해요. 인플루언서에게는 본인의 영향력을 확인할 수 있는 새로운 기회를 제공해줄 수 있어 좋은 것 같아요.

Q. 앞으로의 계획이 궁금합니다.

저는 일반적인 마케터들과 다르게 공과 대학생이에요. 하지만 마케팅에 관심이 많아서 경영학을 복수 전공으로 하고

제2의 월급 : 인플루언서 마케팅

있어요. 최종적인 목표는 제 전공인 공학과 경영학을 접목하여 새로운 마케팅을 하는 거예요. 애드픽을 통해 마케팅 실전 감각을 키우고 있는 중입니다. 앞으로도 현실에 만족하지 않고 항상 새로운 도전을 하는 사람이 되고 싶어요.

Q. 마지막으로 맛집탐방 님에게 애드픽이란?

처음 인플루언서 마케팅을 시작한 게 애드픽이라서 정말 애착이 가는 플랫폼입니다. 더 많은 사람들이 알았으면 좋겠어요. 제가 좋아하는 플랫폼에서 저를 좋게 봐주시고, 인터뷰까지 하게 되어 너무나도 영광입니다.

http://influencer.cafe

인플루언서 마케팅이 시작될 수 있었던 이유는 뭘까요? 바로 신뢰랍니다. 광고주들에게 인플루언서란 진정성 있는 콘텐츠를 통해 일반 SNS 유저들에게 다가갈 수 있는 존재입니다. 하지만 만약 부정홍보가 많아진다면 이 신뢰 관계도 깨져버리겠죠? 애드픽은 이 관계를 유지하고 인플루언서 여러분의 활동을 지원하기 위해 클린 마케팅 환경을 조성하려 노력하고 있습니다. 여러분들도 함께 해주실 거죠?

마케팅
꿀팁 노하우

01 광고 용어 사전

　퇴근 후 집에 돌아와 부업을 하고 싶은 직장인들, 체력적으로 힘든 아르바이트 대신 자신의 SNS 영향력을 활용해 스펙도 쌓고, 수익도 얻고 싶은 학생들에게 요즘 가장 인기 있는 아르바이트/부업은 애드픽과 같은 모바일 마케팅이라고 합니다.

　그런데 마케팅 종류를 검색해보니 CPI, CPC, CPA, CPV,……. 무슨 C만 이렇게 많은지! 많이 헷갈리셨죠? 아래 내용은 모바일 마케팅을 위해 알아두어야 할 광고 용어들입니다. 애드픽 파트너뿐만 아니라 인플루언서 마케팅에 처음 입문하신 분들, 신입 모바일 마케터, 모바일 비즈니스에 대해 알고 싶은 대학생들에게 많은 도움이 되었으면 좋겠네요.

　① CPI(Cost Per Install : 설치 당 과금)

　CPI는 설치당 과금 형태의 마케팅입니다. 즉, 프로그램이나 애플리케이션이 설치될 때마다 실질적 전환이 이뤄진 것으로 보고 광고비가 지불되는 것이죠. 애드픽 홈페이지를 한번 볼까요?

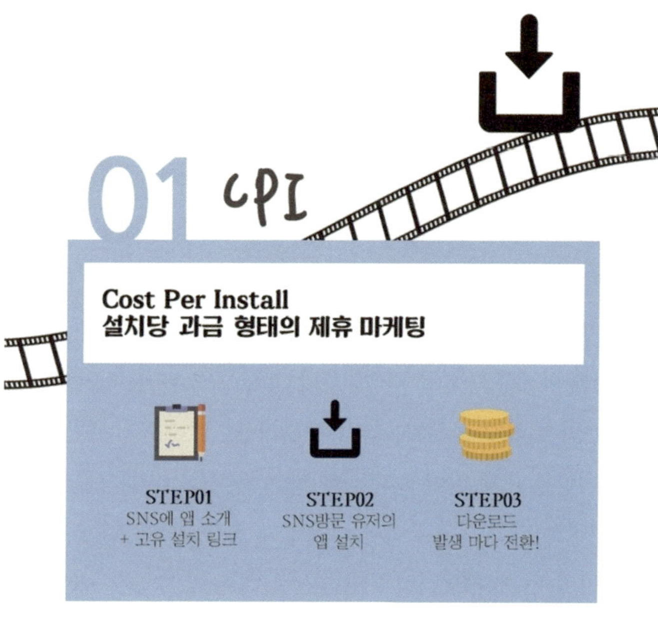

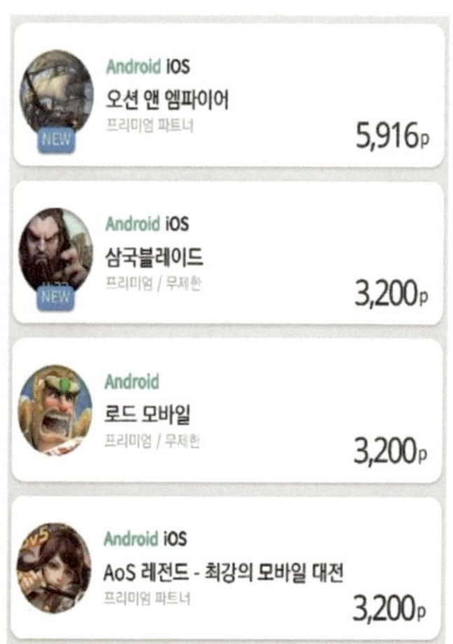

제2의 월급 : 인플루언서 마케팅

이렇게 Android나 iOS가 떠 있는 것들은 CPI형식의 마케팅으로 보시면 됩니다. SNS에 고유 설치 링크를 넣어 애플리케이션 소개를 하고, 누군가가 나의 링크를 클릭해 애플리케이션 설치를 한다면 제시된 금액만큼 수익을 받게 됩니다.

② CPC(Cost Per Click : 클릭당 과금)

CPC는 클릭당 과금 형태의 마케팅입니다. 누군가 나의 링크를 클릭하면 전환이 되어 수익이 생기는 형태인데요.

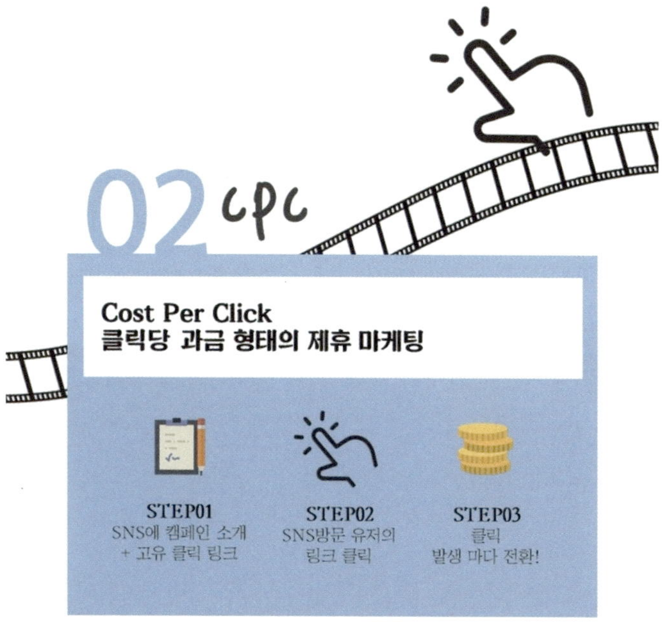

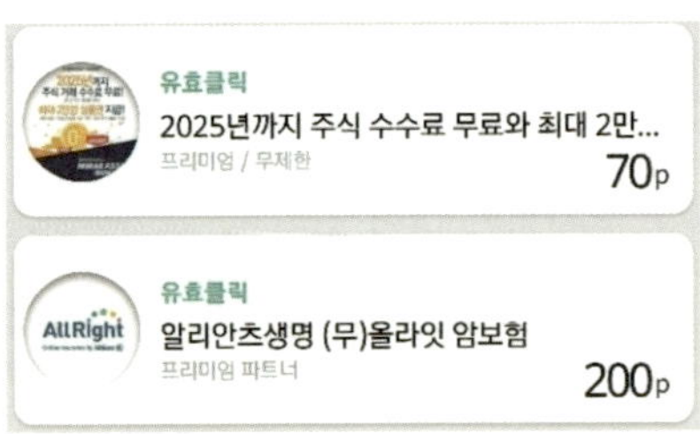

애드픽엔 이러한 클릭형 마케팅 캠페인들이 많이 있습니다. 여기서 잠깐! 유효클릭이란 광고주가 제시한 몇 초 동안 접속자가 페이지에 머물러야 수익이 발생함을 의미합니다. 처음 도전하는 입문자분들에게는 설치형보다 수익은 적지만 전환이 쉬운 편인 클릭형을 추천해드려요.

③ CPV(Cost Per View : 영상 조회당 과금)

CPV는 영상조회 당 과금 형태의 모바일 마케팅입니다. 예를 들어 '100 조회 수당 100원'이란 조건이 주어진다고 해봅시다. 그러면 100 조회 수 이하에선 전환이 발생하지 않고, 100 조회 수에 도달하는 순간부터 전환이 되어 수익이 발생하기 시작합니다. 그 이후에도 추가 조회 수에 도달할 때마다 수익을 얻을 수 있습니다.

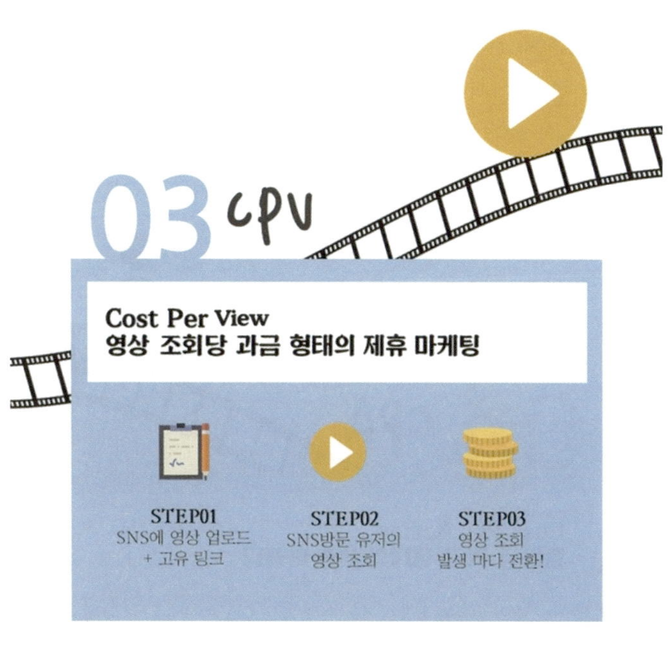

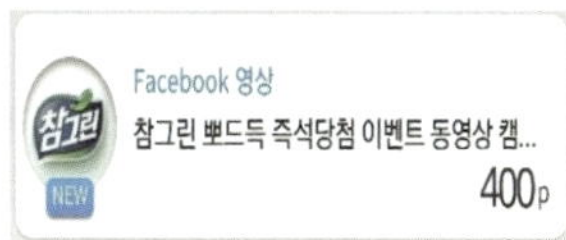

이 상품은 100조회 수당 400포인트가 쌓이는 상품이네요. 보는 사람들이 관심을 많이 가질 만한 콘텐츠라 수익도 금방 쌓일 수 있겠어요.

④ CPA(Cost Per Action : 행동당 과금)

CPA는 행동당 과금 형태의 제휴 마케팅입니다. 일반적으로 회원 가입이나 상담 신청 같은 행동을 의미해요. 애드픽에 있는 캠페인들을 보면서 설명해드릴게요.

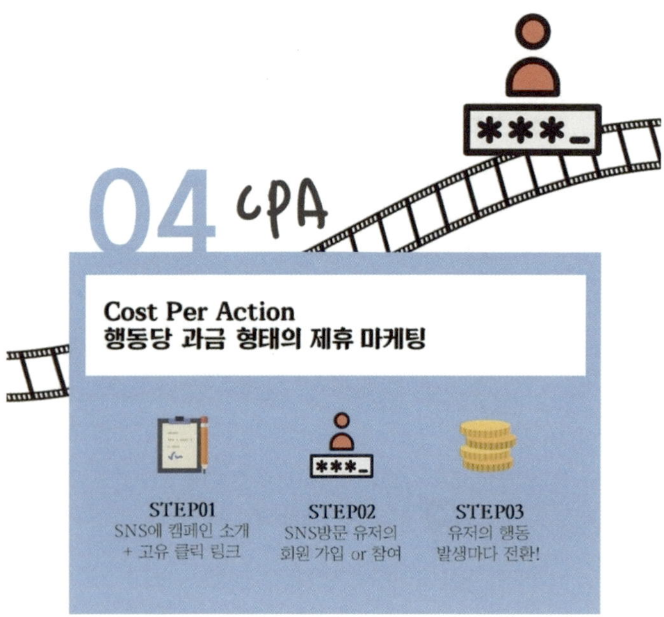

이렇게 참여형이라고 적힌 캠페인들이 바로 CPA입니다! 내 글을 본 누군가가 링크를 누르고 회원 가입이나 상담 신청을 한다면 전환이 만들어지고 수익까지 얻을 수 있게 됩니다! 홍보하려는 애플리케이션의 타깃층이 많이 분포해 있는 커뮤니티 등을 공략해보면 좋겠죠?

02 전환은 어떻게 하는 건가요?

　애드픽 커뮤니티에서 초보자들이 가장 자주 하는 질문 중 하나는 바로 '전환은 어떻게 하는 건가요?'인데요. 인플루언서 활동을 하기 위해서 알아야 할 가장 기본적이고 중요한 개념, 전환. 오늘은 인플루언서들의 깊은 이해를 돕기 위해 전환이 무엇이고, 전환은 어떻게 하는 것인지 하나하나 설명해드리려고 합니다.

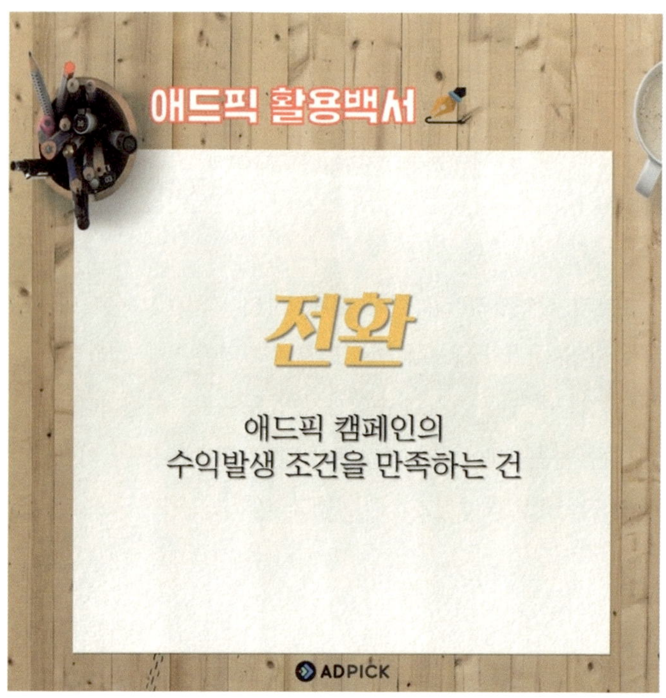

애드픽 활용백서

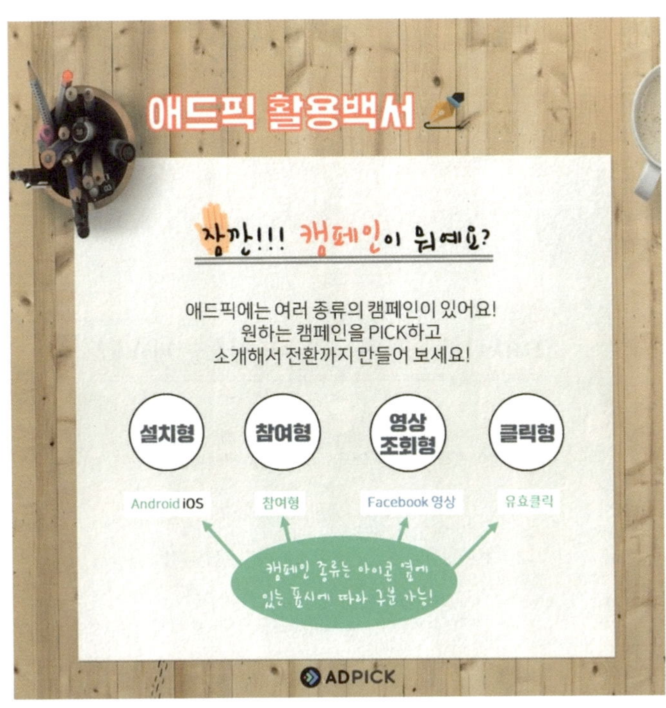

애드픽에는 설치형, 참여형, 영상 조회형, 클릭형 등의 캠페인이 있는데 이 중 원하는 것을 선택해 소개할 수 있습니다! 그렇다면 전환은 어떻게 만드는 건지 궁금하신 분들을 위해 준비했습니다.

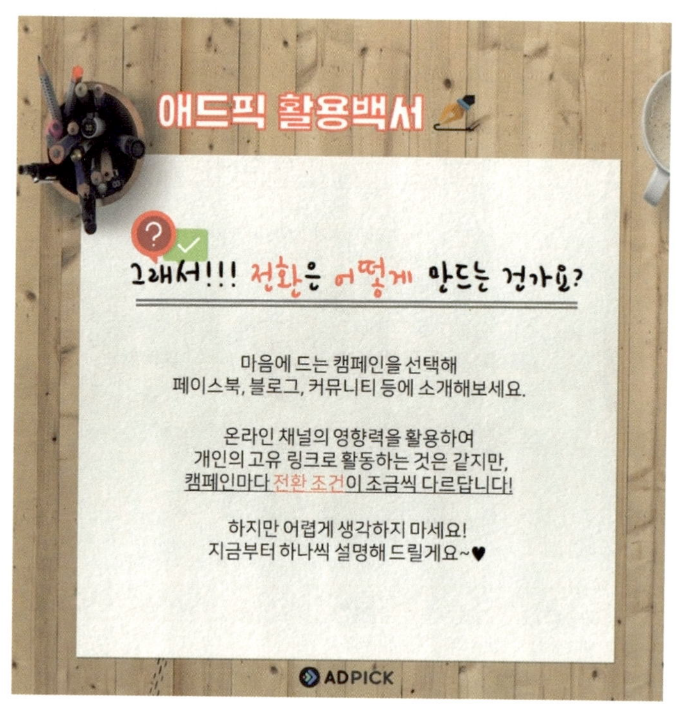

여기서 주의할 것은 캠페인마다 전환 조건이 조금씩 다르다는 사실입니다. 하지만 어렵게 생각할 필요는 없습니다. 지금부터 하나하나 설명해드릴게요.

제2의 월급 : 인플루언서 마케팅

① 설치형 캠페인

설치형 캠페인의 경우에는 설치 후 실행까지 되어야 전환이 만들어진다는 사실을 꼭 기억해주세요.

같은 동영상은 하루에 하나만 인정됩니다. 다른 종류의 동영상이라면 하루에 여러 개 올리셔도 괜찮아요. 예를 들어, A라는 영상 캠페인을 하루에 세 번 올릴 수는 없지만 A, B, C라는 각기 다른 영상 캠페인은 하루에 모두 올릴 수 있습니다. 참고로 영상 조회형 캠페인은 캠페인 종료 후에도 포스팅을 전체 공개로 유지해주셔야 합니다.

그러면 여기서 잠깐, 100회 재생당 1전환은 무슨 뜻일까요?

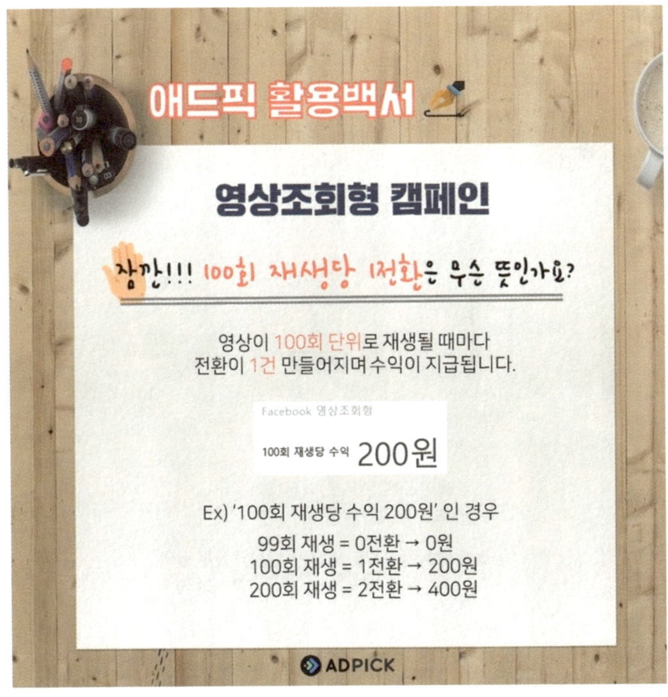

예를 들어, 100회 재생당 수익이 200원이라면 99회까지는 전환과 수익이 없다가 100회가 되는 순간 1전환과 200원의 수익금이 생기는 거죠! 199회도 마찬가지로 여전히 1전환에 수익 200원을 유지하다가 200회가 되는 순간 2전환, 수익 400원으로 바뀌게 됩니다.

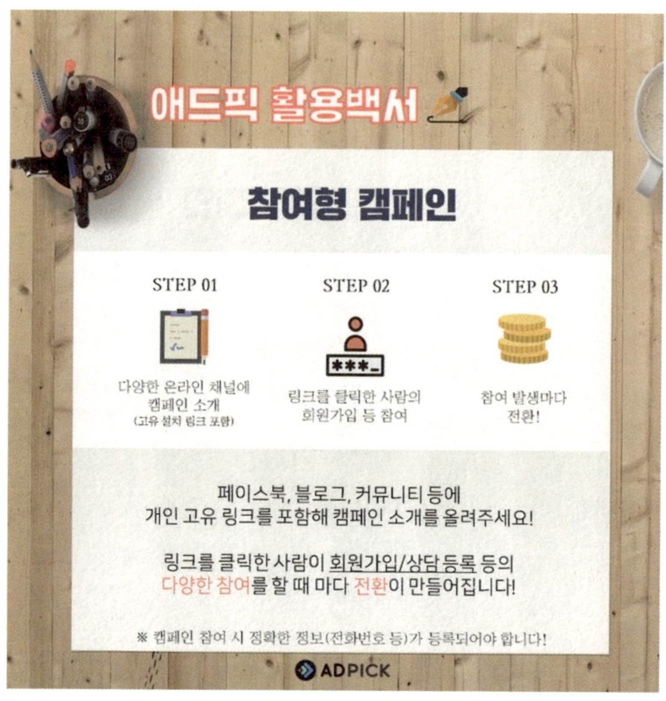

이때, 캠페인에 참여하는 사람이 정확한 정보를 입력해야 전환이 인정된다는 사실을 기억하세요.

유효 클릭이란, 다양한 기술적 검증에 따라 유효하다고 인증된 클릭입니다. 예를 들어 중복 클릭은 최초 발생한 클릭 하나만 인정되거나, 클릭 후 일정 시간 이상 페이지에 머물러야 하는 등의 조건들이 캠페인마다 다르게 설정됩니다.

03 개인의 SNS 영향력으로 수익을 만드는 5가지 방법

　SNS로 활동하고 계신 인플루언서라면 한 번쯤 궁금해 하셨을 주제는 바로 이런 게 아닐까요? "어떻게 하면 좋은 인플루언서가 될 수 있을까?" 인플루언서에게는 사람들의 반응을 얻어내야 하는 커뮤니케이션이 중요합니다. 하지만 보이지 않는 온라인 세계에서 사람들의 마음을 움직이는 일은 쉽지 않죠.

　먼저 인플루언서란 무엇인지, 또 인플루언서 마케팅은 무엇인지 알아볼게요.

SNS에서 영향력을 가진 개인들이 늘어나면서 이들의 장점을 활용한 인플루언서 마케팅이 점점 성장하고 있는데요. 그렇다면 인플루언서가 되기 위한 조건은 무엇일까요?

인플루언서의 조건 5

01	적합한 채널
02	나와 맞는 제품과 서비스
03	마음을 움직이는 콘텐츠
04	성과 측정과 분석
05	올바른 정보 전달

ADPICK

제2의 월급 : 인플루언서 마케팅

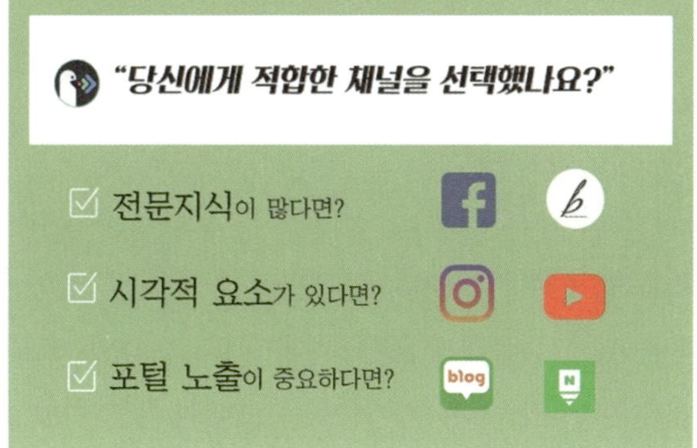

사람마다 장점이 다르듯이, 채널도 가지고 있는 장점이 모두 다릅니다. 자신에게 잘 맞는 채널을 선택해보세요. 전문지식이 많다면 페이스북을, 사진 등의 시각적 요소가 있다면 인스타그램과 유튜브를, 포털 노출이 중요하다면 블로그나 포스트를 추천합니다.

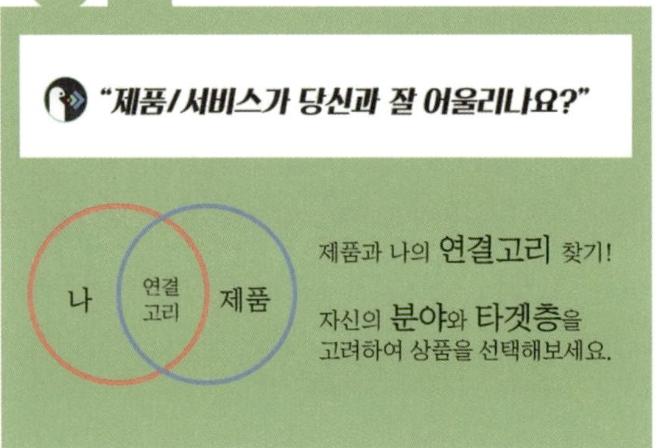

아무리 제품이나 서비스가 좋다 하더라도, 아무리 본인이 영향력 있는 인플루언서라고 해도, 상품과 본인의 연관성이 전혀 없다면 어떨까요? 당연히 광고의 효율성이 떨어질 수밖에 없습니다. 자신의 분야와 타깃층을 고려한 뒤 상품을 선택해보세요.

많은 SNS가 콘텐츠를 중심으로 운영되고 있습니다. 글, 사진부터 시작해 큰 파급력을 불러온 카드뉴스, 그리고 요즘 콘텐츠 시장에서 빼놓을 수 없는 동영상까지 말입니다. 제품이나 서비스가 좋아도 이를 전달하는 콘텐츠가 꽝이라면 소용이 없겠죠?

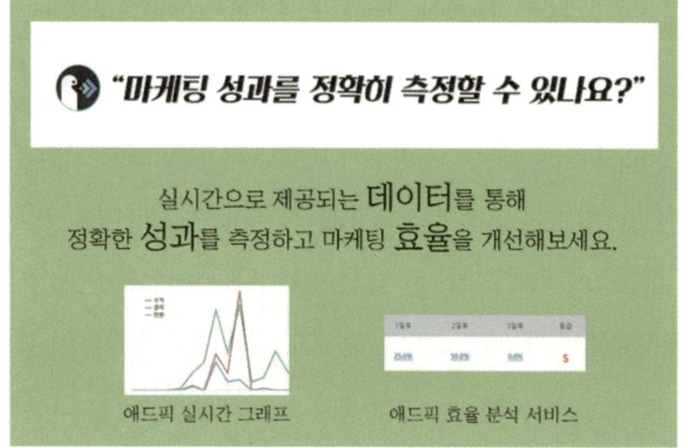

과거에는 잘 알려진 연예인에게 비싼 계약금을 지불하고도 마케팅 성과를 측정하기 어려웠죠. 하지만 요즘에는 마케팅의 패러다임이 디지털로 옮겨오며 정확한 성과를 측정하고 마케팅 효율을 개선할 수 있는 기회들이 많습니다. 애드픽에서 제공하는 실시간 그래프와 효율 분석 서비스가 대표적인 사례겠죠?

여기서 잠깐, 애드픽 고수들이 입을 모아 이야기한 꿀팁이 바로 성과 측정이라는 사실을 알고 계신가요? 실시간 데이터를 통해 본인만의 홍보 노하우를 만들어내시더라고요. 여러분들도 이런 기능을 통해 어떤 키워드가 좋은지, 어떤 주제에 사람들이 반응하는지 등을 분석하며 자신만의 노하우를 쌓아보세요.

⑤ 올바른 정보 전달

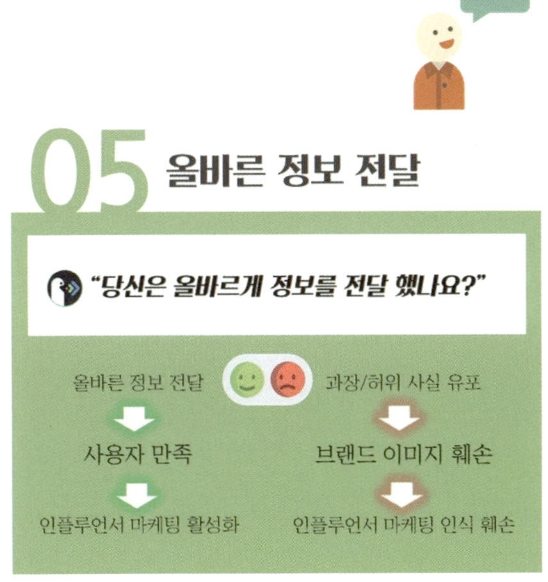

인플루언서가 올바른 정보를 전달해 진성 유저를 유입하고 만족을 얻어낸다면 자연스럽게 인플루언서 마케팅은 점점 활성화되겠죠. 허지만, 이와 반대로 수익만을 바라보고 맹목적으로 허위 사실을 유포한다면 어떻게 될까요? 결과적으로 브랜드 이미지뿐만 아니라 인플루언서 마케팅에 대한 인식 또한 훼손될 것입니다. 인플루언서에 대한 불신이 생기면, 자연스럽게 인플루언서 시장이 축소되겠죠?

정리를 하면, 먼저 본인에 대한 정확한 이해가 필요합니다. 이를 바탕으로 나의 성향, 능력에 가장 적합한 채널을 찾고 나와 맞는 제품과 서비스를 선택해보세요. 그리고 사람들을 설득할 수 있는 콘텐츠를 기획해보세요. 그리고 마케팅 플랫폼을 통한 성과 측정으로 마무리하면 되겠죠? 올바른 정보 전달은 인플루언서의 기본입니다.

04 자투리 시간으로 한 달 50만 원 버는 꿀팁

앞서 애드픽을 함께 만들어가는 사람들인 인플루언서를 한 분씩 소개했는데요. 지난 인터뷰 중 연서뤼 님의 꿀팁만 쏙쏙 빼서 카드뉴스로 재구성해보았습니다.

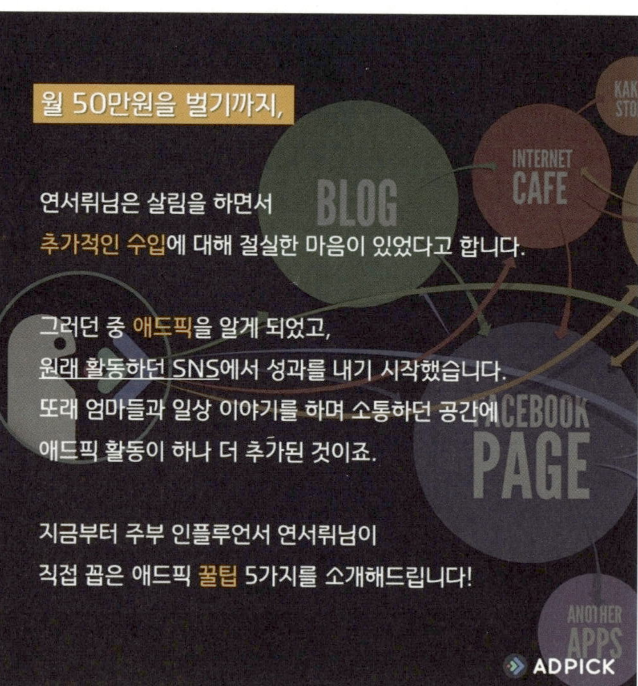

월 50만원을 벌기까지,

연서뤼님은 살림을 하면서
추가적인 수입에 대해 절실한 마음이 있었다고 합니다.

그러던 중 애드픽을 알게 되었고,
원래 활동하던 SNS에서 성과를 내기 시작했습니다.
또래 엄마들과 일상 이야기를 하며 소통하던 공간에
애드픽 활동이 하나 더 추가된 것이죠.

지금부터 주부 인플루언서 연서뤼님이
직접 꼽은 애드픽 꿀팁 5가지를 소개해드립니다!

BLOG
INTERNET CAFE
KAKA STO
FACEBOOK PAGE
ANOTHER APPS
ADPICK

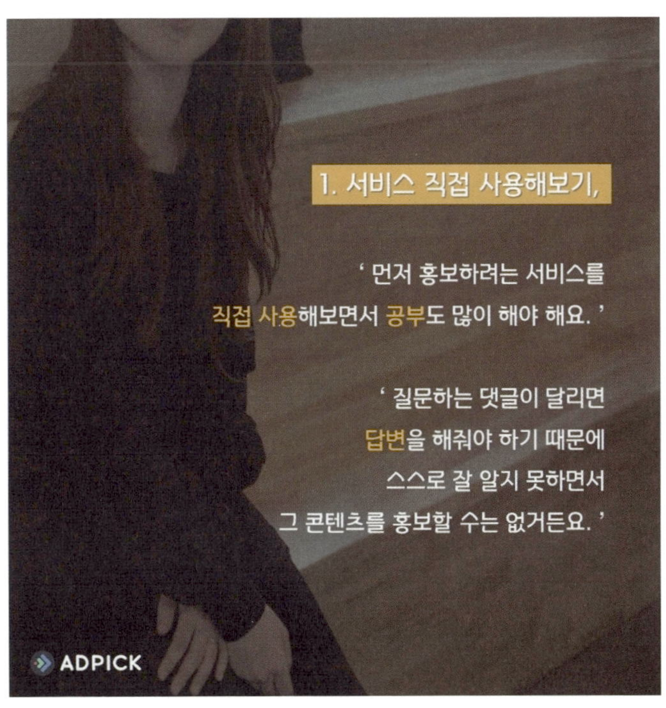
1. 서비스 직접 사용해보기,

' 먼저 홍보하려는 서비스를
직접 사용해보면서 공부도 많이 해야 해요. '

' 질문하는 댓글이 달리면
답변을 해줘야 하기 때문에
스스로 잘 알지 못하면서
그 콘텐츠를 홍보할 수는 없거든요. '

ADPICK

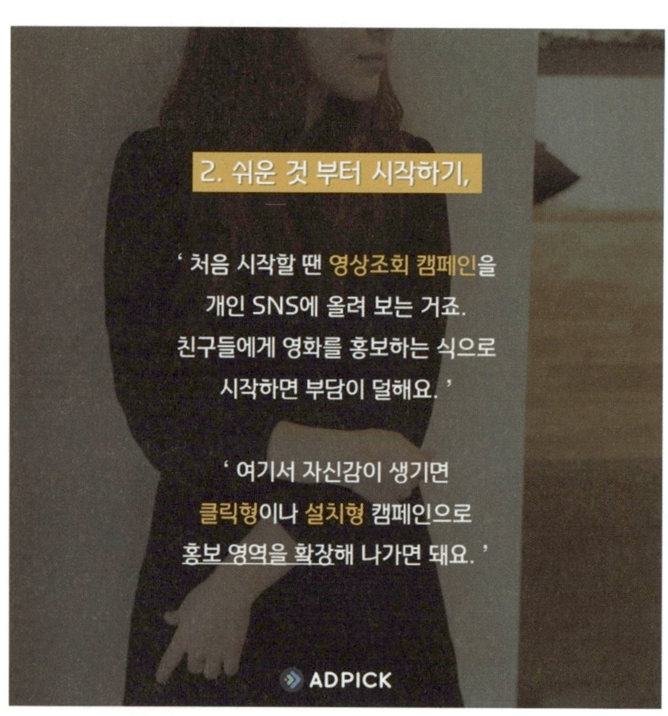
2. 쉬운 것 부터 시작하기,

' 처음 시작할 땐 영상조회 캠페인을
개인 SNS에 올려 보는 거죠.
친구들에게 영화를 홍보하는 식으로
시작하면 부담이 덜해요. '

' 여기서 자신감이 생기면
클릭형이나 설치형 캠페인으로
홍보 영역을 확장해 나가면 돼요. '

ADPICK

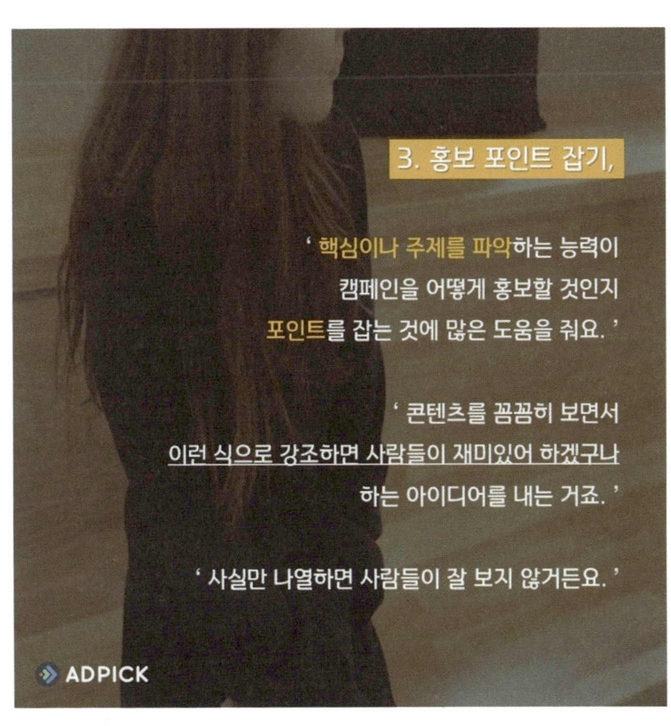

3. 홍보 포인트 잡기,

' 핵심이나 주제를 파악하는 능력이
캠페인을 어떻게 홍보할 것인지
포인트를 잡는 것에 많은 도움을 줘요. '

' 콘텐츠를 꼼꼼히 보면서
이런 식으로 강조하면 사람들이 재미있어 하겠구나
하는 아이디어를 내는 거죠. '

' 사실만 나열하면 사람들이 잘 보지 않거든요. '

ADPICK

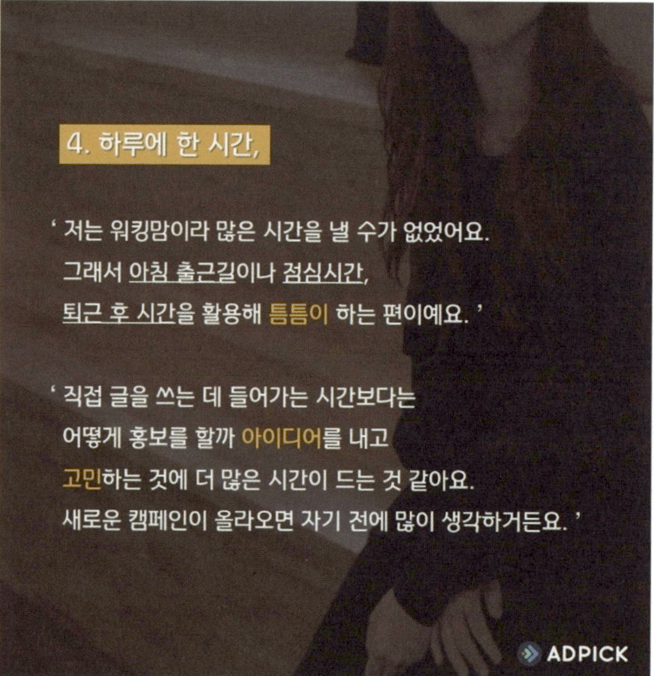

제2의 월급 : 인플루언서 마케팅

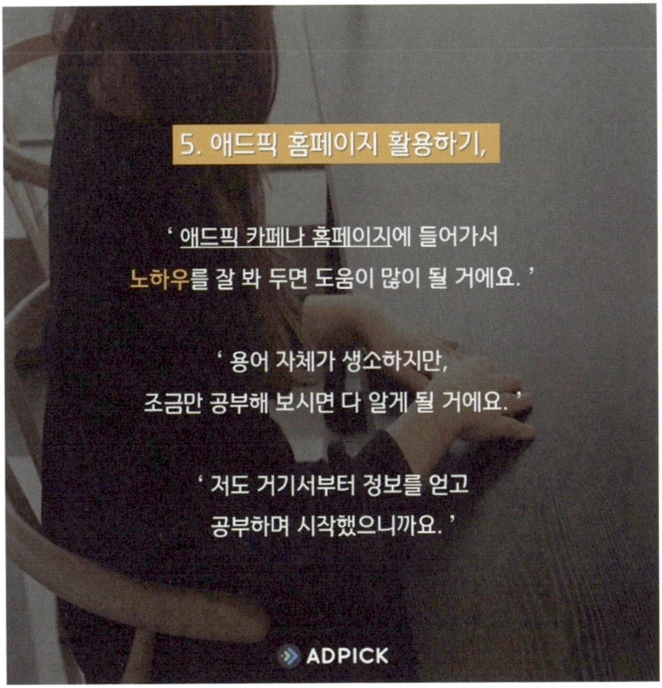

5. 애드픽 홈페이지 활용하기,

' 애드픽 카페나 홈페이지에 들어가서
노하우를 잘 봐 두면 도움이 많이 될 거에요. '

' 용어 자체가 생소하지만,
조금만 공부해 보시면 다 알게 될 거에요. '

' 저도 거기서부터 정보를 얻고
공부하며 시작했으니까요. '

ADPICK

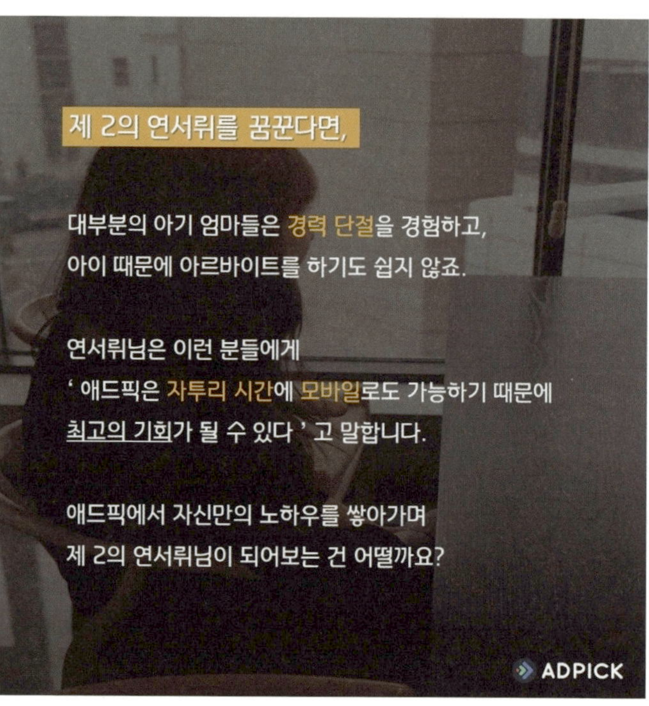

제2의 월급 : 인플루언서 마케팅

05 동영상 애플리케이션 추천

요즘 대세라는 동영상을 한 번쯤 만들어보고 싶은데, 어렵게 느껴져서 망설이고 계셨나요? 걱정은 넣어두세요. 모바일로 나만의 동영상을 뚝딱 완성할 수 있는 동영상 편집 애플리케이션들을 소개해드릴게요.

2017년 디지털 콘텐츠 핫 키워드로 빼놓을 수 없는 것이 바로 동영상 콘텐츠입니다. 이렇게 대세인데 시도조차 안 해봤다면 지금 꼭 해보세요? 취향에 따라 추천해드립니다.

제2의 월급 : 인플루언서 마케팅

01 모비즌

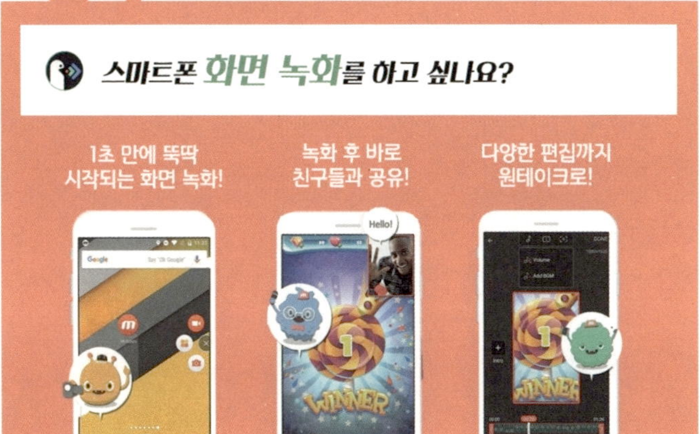

스마트폰 화면 녹화를 하고 싶나요?

1초 만에 뚝딱
시작되는 화면 녹화!

녹화 후 바로
친구들과 공유!

다양한 편집까지
원테이크로!

Hello!

WINNER

WINNER

ADPICK

02 콘텐터

SNS 마케팅 영상을 만들고 싶나요?
전문가의 디자인을
자동으로 내 영상에!
음악에 따라
자연스러운 효과!
직접 꾸미는
나만의 워터마크!
단돈 $6.00

03 모션스틸

흔들림 없이 되돌이 영상을 찍고 싶나요?
3초 클립
손떨림 보정 촬영!
무한반복 GIF나
동영상으로 저장!
만든 영상은 친구와
바로 공유!

04 롤리캠

나만의 셀프 동영상을 프사로 하고 싶나요?

스티커 사진처럼
펜으로 꾸미기!

유니크한
움짤 스티커!

뷰티 모드로
인생 동영상 찍기!

롤리펜
나만의 스타일로
나만의 스티커를 그리자!

움.짤 스티커
유니크한 스티커와 함께
매력적인 사진과 동영상을 찍어보세요

인.생.템 뷰티모드

05 vimo

귀여운 스티커로 동영상을 꾸미고 싶나요?

움직이는 귀여운
스티커들이 잔뜩!

한 번에 스티커
여러 개 사용!

요리조리 같이
움직이는 스티커!

OOPS!
Whisper
Whisper
My Friend Max

06 애드픽의 정석

오늘은 애드픽의 정석 차례입니다. 누구나 알지만, 아무나 하
긴 어려운 애드픽 5가지 법칙을 소개할게요.

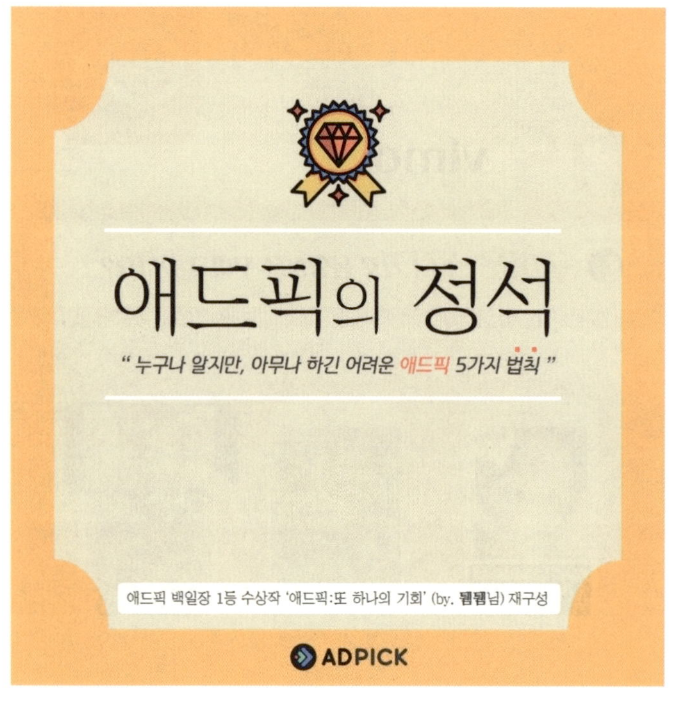

이 콘텐츠는 애드픽 백일장 1등 수상작인 '애드픽 : 또 하나
의 기회'를 재구성한 것입니다. 뜀뜀 님이 애드픽을 잘할 수 있

는 방법들을 알려주셨는데 정말 누구나 알고 있지만, 모두가 지키기는 어려운 것들이더라구요.

파워 인플루언서 템템 님이 알려주신 비법들을 하나씩 알아보겠습니다!

① 애플리케이션 직접 사용해보기

진정성 있는 리뷰 콘텐츠를 작성하기 위한 첫걸음! 바로 내가

홍보할 서비스를 정확히 파악하는 거겠죠? 뜀뜀 님 이외에도 많은 분들이 강조했던 만큼, 이것만큼은 기억해두세요!

② 유저들과 좋은 관계 유지하기

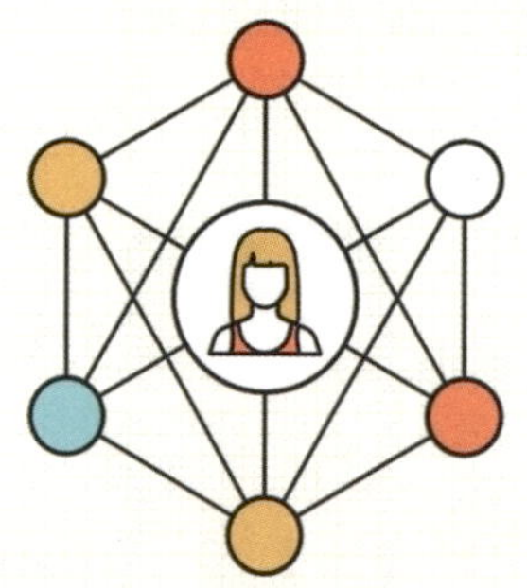

애드픽은 다른 인플루언서와 소통할 수 있는 커뮤니티 게시판이나 팸 기능이 활성화되어 있는데요. 이런 곳에서 친근한 관계를 만들어보면 좋겠죠?

제2의 월급 : 인플루언서 마케팅

인플루언서 마케팅의 핵심은 바로 '진정성' 있는 리뷰 콘텐츠입니다. 그런데 만약에 부정 홍보를 한다면, 광고주와 인플루언서 사이의 신뢰도가 뚝 떨어질 거예요. 애드픽이 부정홍보를 철저하게 단속하는 것도 클린 마케팅 환경을 조성하기 위한 것이랍니다.

누구나 처음엔 서툰 법이죠. 하루에 일정한 시간을 정해놓고 꾸준히 활동해보세요. 보통 고수익자들은 하루에 2~3시간을 투자한다고 하시네요.

5. 노하우는 자신이 직접!
색다른 홍보법에 시도해보세요!

노하우를 사고파는 분들도 가끔 있는데, 결국 진짜 노하우는 직접 부딪히고 겪어봐야 알 수 있어요. 색다른 홍보법으로 나만의 노하우를 만들어보는 건 어떨까요?

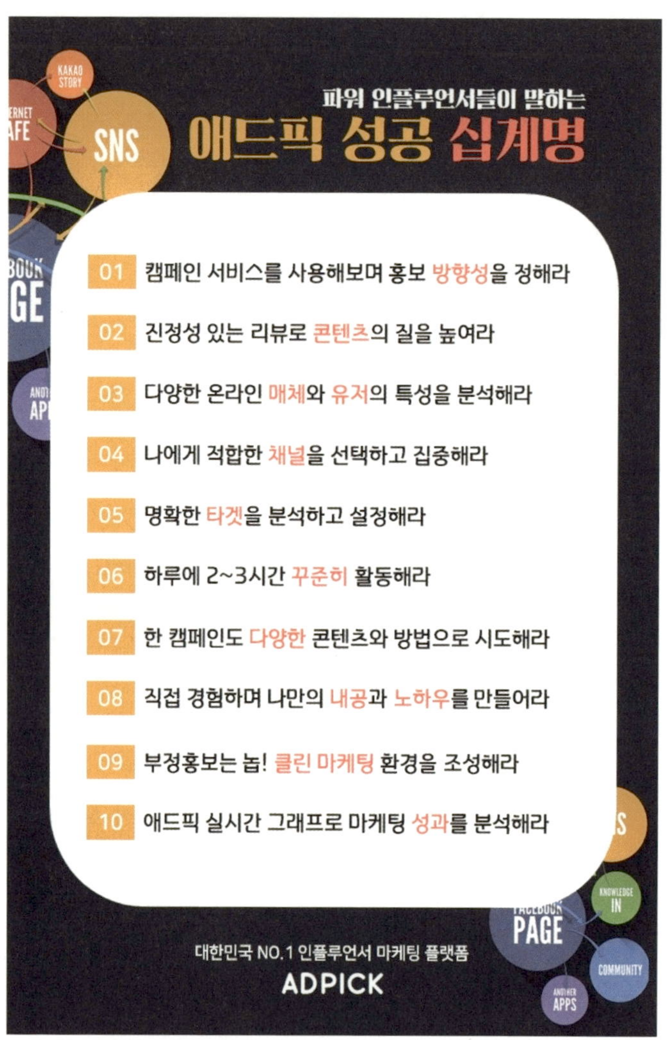

파워 인플루언서들이 말하는
애드픽 성공 십계명
01 캠페인 서비스를 사용해보며 홍보 방향성을 정해라
02 진정성 있는 리뷰로 콘텐츠의 질을 높여라
03 다양한 온라인 매체와 유저의 특성을 분석해라
04 나에게 적합한 채널을 선택하고 집중해라
05 명확한 타겟을 분석하고 설정해라
06 하루에 2~3시간 꾸준히 활동해라
07 한 캠페인도 다양한 콘텐츠와 방법으로 시도해라
08 직접 경험하며 나만의 내공과 노하우를 만들어라
09 부정홍보는 놉! 클린 마케팅 환경을 조성해라
10 애드픽 실시간 그래프로 마케팅 성과를 분석해라
대한민국 NO.1 인플루언서 마케팅 플랫폼
ADPICK

애드픽을 막 접하신 분들은 많은 수익을 내고, 자신만의 가치를 찾은 파워 인플루언서들의 성공 방법이 많이 궁금하셨을 것 같아요. 파워 인플루언서들이 입을 모아 말하는 10개의 공통점을 소개합니다.

1. 캠페인 서비스를 사용해보며 홍보 방향성을 잡으라

홍보를 제대로 하려면 먼저 그 서비스가 가지고 있는 특징, 장점 등을 먼저 파악해야겠죠? 자신의 사용 경험을 토대로 매력 있는 홍보 포인트를 잡아보세요.

2. 진정성 있는 리뷰로 콘텐츠의 질을 높이라

애드픽의 핵심이 무엇인지 아시나요? 바로 리뷰 콘텐츠입니다. 리뷰 콘텐츠 속에서 SNS 유저들의 영향력을 발견하고 애드픽이 만들어진 만큼 콘텐츠의 질이 중요하겠죠?

3. 다양한 온라인 매체와 유저의 특성을 분석하라

사람마다 특징이 다 다르듯, 온라인 매체도 그 종류에 따라 다양성을 보이고 있습니다. 매체 유저들도 연령, 성별, 취향에 따라 다릅니다.

4. 나에게 적합한 채널을 선택하고 집중하라

자신과 잘 맞는 사람이 있는 것처럼, 자신과 잘 맞는 채널도 분명히 있습니다. 검색 키워드를 잘 활용한다면 블로그를, 하나의 콘셉트를 잡고 꾸준히 활동할 수 있다면 페이스북을, 사람들의 클릭을 이끄는 카피를 쓸 수 있다면 카페를 추천해요.

5. 명확한 타깃을 분석하고 설정하라

게임이라고 모두 똑같은 사람들이 선호하지는 않을 거예요. 장르와 특징에 따라 10대 남자가 좋아할 수도 있고, 20대 여자가 좋아할 수도 있죠. 타깃을 명확히 정하고 그들에게 어필할 수 있는 방법을 고민해보세요.

6. 하루에 2~3시간 꾸준히 활동하라

원하는 수익금이 나지 않아 고민인 분들도 계실 것 같아요. 그런데 지금의 파워 인플루언서들도 처음에는 그랬을 거예요. 처음부터 잘하는 사람은 흔하지 않아요. 하루에 2~3시간씩 꾸준히 시간과 노력을 투자해보면 어느 새 성장해 있는 자신을 발견할 수 있을 거예요.

7. 한 캠페인도 다양한 콘텐츠와 방법으로 시도하라

가끔은 생각지도 못한 방법이 어필이 될 때도 있답니다! 같은 캠페인이라고 하나의 콘텐츠만 생각하기보단, 다양한 방법으로 시도해보세요. 그러다 보면 자신에게 제일 잘 맞는 방법도 찾을 수 있을 거예요.

제2의 월급 : 인플루언서 마케팅

8. 직접 경험하며 나만의 내공과 노하우를 만들라

파워 인플루언서들이 가장 많이 언급한 팁입니다. 다른 사람의 노하우는 그 사람의 것이지 내 것이 아니잖아요. 물론 참고가 될 수는 있지만, 내 경험과 결합해보면서 진짜 내 것으로 만드는 과정이 필요해요.

9. 부정 홍보는 금물! 클린 마케팅 환경을 조성하라

인플루언서 마케팅이 시작될 수 있었던 이유는 뭘까요? 바로 신뢰랍니다. 광고주들에게 인플루언서란 진정성 있는 콘텐츠를 통해 일반 SNS 유저들에게 다가갈 수 있는 존재입니다. 하지만 만약 부정 홍보가 많아진다면 이 신뢰 관계도 깨져버리겠죠? 애드픽은 이 관계를 유지하고 인플루언서 여러분의 활동을 지원하기 위해 클린 마케팅 환경을 조성하려 노력하고 있습니다.

10. 애드픽 실시간 그래프로 마케팅 성과를 분석하라

마케팅에서는 성과를 분석하는 게 굉장히 중요해요! 그래서 애드픽에서는 무료로 실시간 그래프를 제공해드리고 있습니다! 실제로 일부 고수들께서 이 서비스를 잘 활용하고 있다고 말해주시기도 했죠. 이 밖에도 효율 분석을 통해서 자신이 유입시킨 유저가 얼마나 효율적으로 서비스를 사용하고 있는지도 알 수 있답니다.

08 빅 데이터로 본 애드픽 키워드

오늘은 빅데이터를 통해 인플루언서 마케팅 플랫폼, 애드픽을
집중 탐구해보려고 합니다.

제2의 월급 : 인플루언서 마케팅

일반 유저들은 애드픽을 어떻게 인식하고 있을까요?

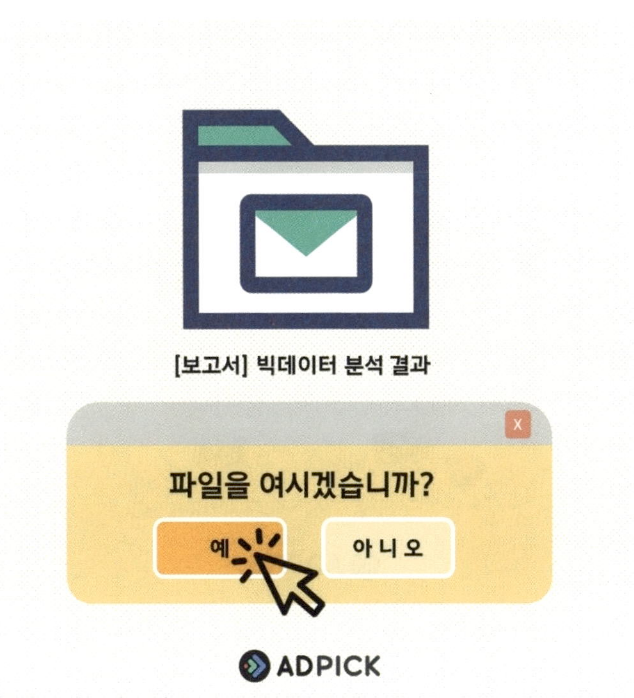

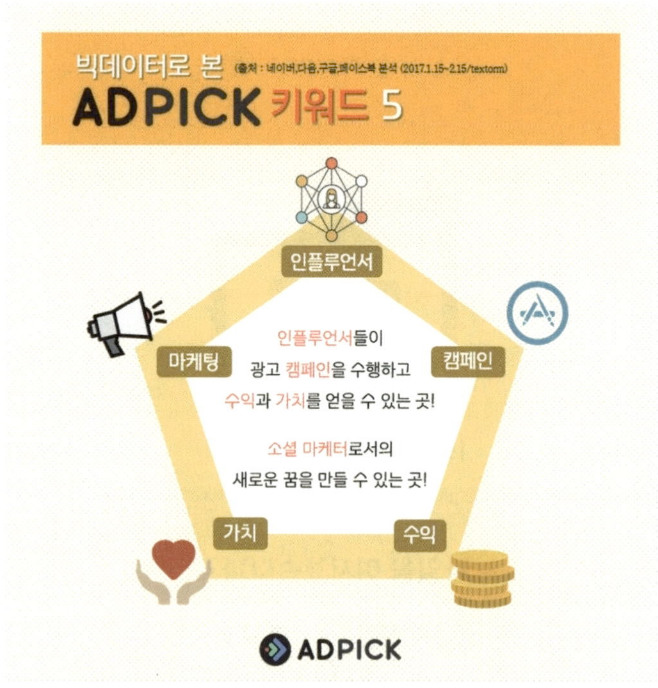

놀랍게도 빅데이터 결과에서 나온 다섯 가지 키워드로 애드픽이 어떤 서비스인지 한 눈에 알 수 있습니다. 그럼 키워드를 하나하나 살펴보면서 애드픽에 대해 자세히 알아볼까요?

"개인의 영향력을 발휘할 수 있는 인플루언서 마케팅 플랫폼" 애드픽은 국내 최초로 리뷰 콘텐츠에서 SNS 유저들의 영향력을 발견하고, 이들의 영향력에 가치를 부여한 인플루언서 마케팅 플랫폼입니다.

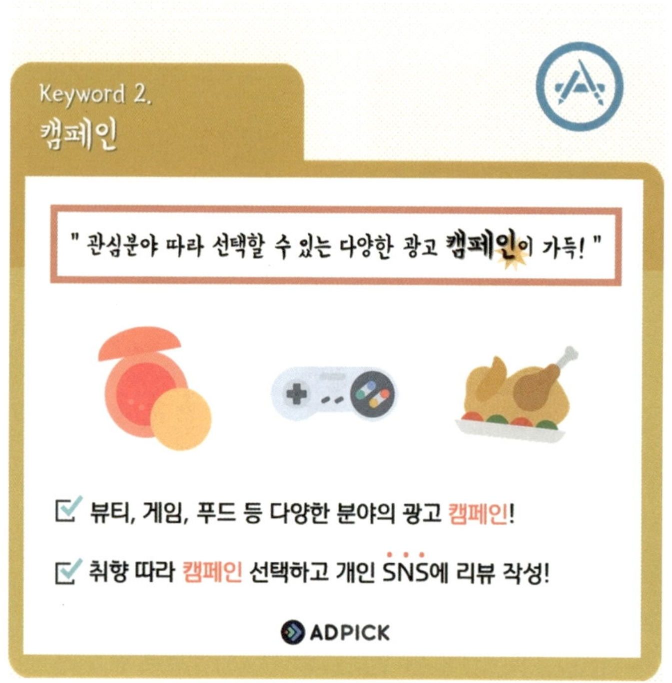

애드픽은 2017년 9월 기준으로 3,500개 이상의 수많은 캠페인을 진행했습니다. 취향에 따라 광고 캠페인을 선택하고 개인 SNS에 리뷰를 작성하면 끝! 쉽죠?

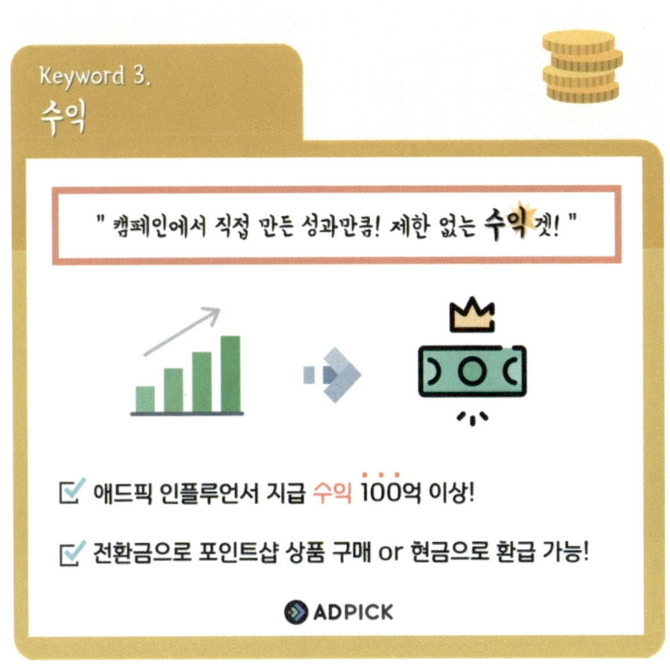

"캠페인에서 직접 만든 성과만큼, 제한 없는 수익을 얻을 수 있다!"

지금까지 애드픽에서 인플루언서에게 지급한 수익이 무려 150억 원 이상(2017년 9월 현재)이라니, 최대 규모 인플루언서 마케팅 플랫폼이기 때문에 가능한 일이 아닐까요?

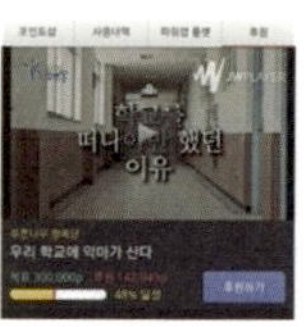

"경제적 여유 이외에도 다양한 가치를 나눌 수 있는 곳!"

인플루언서들의 자발적 후원으로 다양한 사회적 가치를 창출하고 있습니다.

"소셜 마케팅으로 새로운 꿈과 제2의 인생을!"

애드픽을 통해 소셜 마케터로 자리매김한 분들이 있는데요. 이런 분들을 지원하기 위해 애드픽에서는 무료로 실시간 그래프와 효율 분석 서비스를 제공하고 있습니다. 애드픽 애플리케이션 설치 캠페인은 프리미엄 인플루언서가 아니라도 수행할 수 있는 캠페인 중 하나입니다.

09 SNS 콘텐츠 참고 사이트

　　SNS 콘텐츠, 한번 만들어보고 싶은데 어디에서부터 시작해
야 할지 어렵다고요? 처음 시작할 때 참고하면 좋은 사이트들
을 소개합니다.

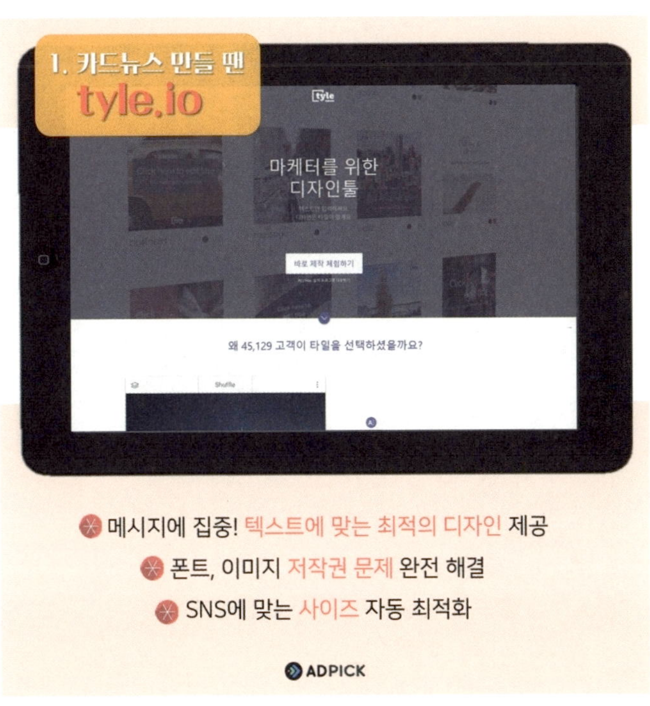

☀ 메시지에 집중! 텍스트에 맞는 최적의 디자인 제공

☀ 폰트, 이미지 저작권 문제 완전 해결

☀ SNS에 맞는 사이즈 자동 최적화

ADPICK

2. 인포그래픽 할 땐
망고보드
TUTORIAL START
누구나 디자이너가 된다
MANGO BOARD
국내 최초 인포그래픽 제작 기능 제공
포토샵 몰라도 간편하게 내맘대로 디자인
바로 사용할 수 있는 사진&아이콘
포스터, 배너, 카드뉴스도 한 방에 해결
ADPICK

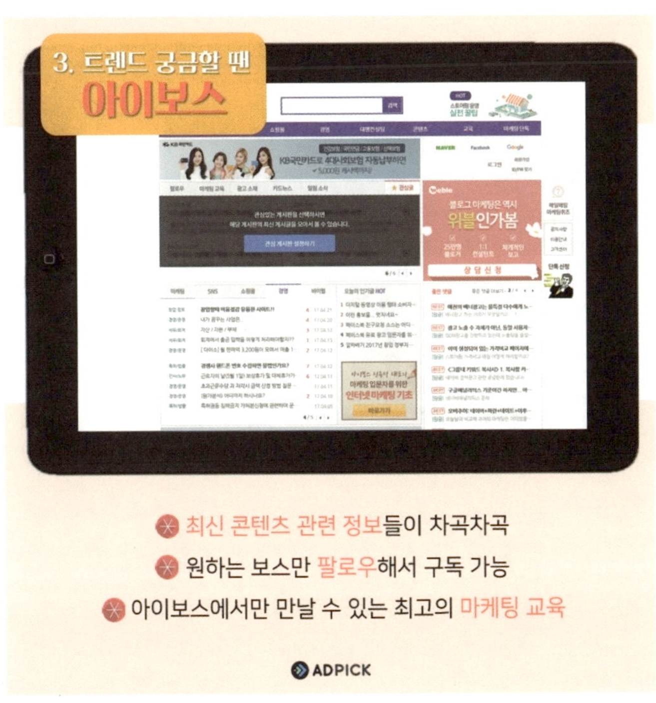

☀ 최신 콘텐츠 관련 정보들이 차곡차곡

☀ 원하는 보스만 팔로우해서 구독 가능

☀ 아이보스에서만 만날 수 있는 최고의 마케팅 교육

ADPICK

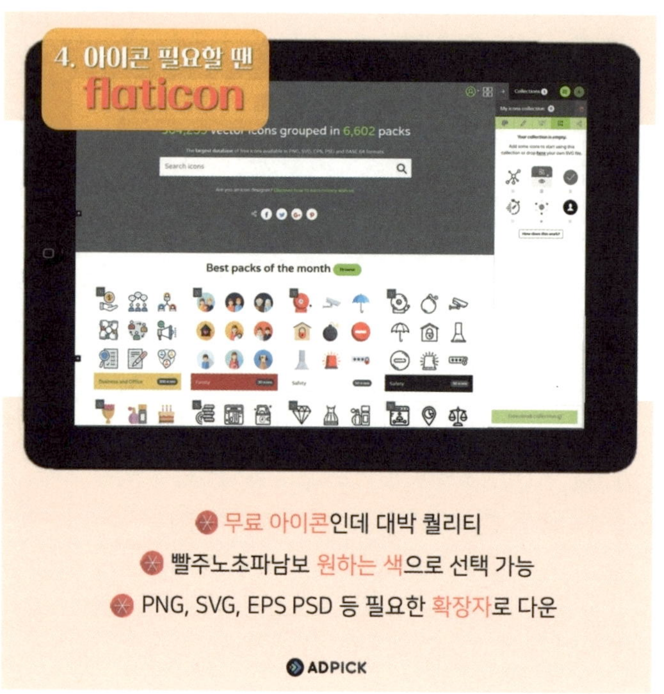

☀ 무료 아이콘인데 대박 퀄리티

☀ 빨주노초파남보 원하는 색으로 선택 가능

☀ PNG, SVG, EPS PSD 등 필요한 확장자로 다운

ADPICK

☀ 930,000 장이 넘는 무료 고퀄리티 이미지 제공

☀ 재편집, 배포 로열티 없이 가능

☀ 상업적 용도 사용 가능

ADPICK

지금까지 콘텐츠 만들 때 참고하기 좋은 사이트들을 추천해
드렸어요! 조금씩 연습하다 보면 어느새 발전하고 있는 자신의
모습을 발견할 수 있을 거예요.

10 PPT 카드뉴스 사이즈

이제 카드뉴스는 콘텐츠 마케팅에서 기본 중의 기본이 되었는데요. 포토샵이나 일러스트로도 카드뉴스를 만들 수 있겠지만, 파워 포인트로도 충분히 쉽고 빠르게 좋은 콘텐츠를 만들 수 있어요!

오늘은 카드뉴스를 만들기 위한 첫 시작으로 사이즈에 대해 알아보려고 합니다. 가끔 페이스북에 카드뉴스가 마구 잘려서 노출되는 경우가 있는데요. 이제 그럴 일이 없도록 깔끔하고 세련되게 만들어보자고요.

① 기본적인 카드뉴스

25×25㎝로 사이즈를 맞추면 안정된 모습으로 완성됩니다.

메인을 키우면 페이스북 타임라인에서 더욱더 잘 보인다는 사실, 알고 계신가요? 메인은 30×20㎝으로, 나머지는 25×25㎝로 해보세요.

메인을 세로로 키우면 또 다른 느낌이 듭니다. 메인은 20×30㎝으로, 나머지는 25×25㎝로 맞춰서 깔끔하게 보이도록 만들어 보세요.

11 모바일 마케팅 추천 도서

요즘 모바일 마케팅이 대세라던데, 어디에서부터 어떻게 공부
해야할지 모르겠다고요? 원조 인플루언서 마케팅 플랫폼, 애드
픽 추천도서만 읽어도 모바일 마케팅의 전반적인 개념이 잡힐
것입니다.

① 『필립 코틀러의 마켓 4.0』

필립 코틀러, 허마원 카타자야, 이완 세티아완 공저 | 길벗 | 16,000원

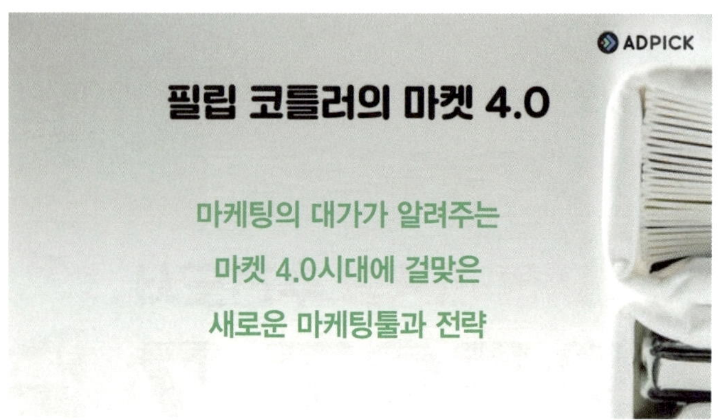

② 『트렌드 코리아 2017』

김난도, 전미영, 이향은, 이준영, 김서영, 최지혜 공저 | 미래의 창 | 16,000원

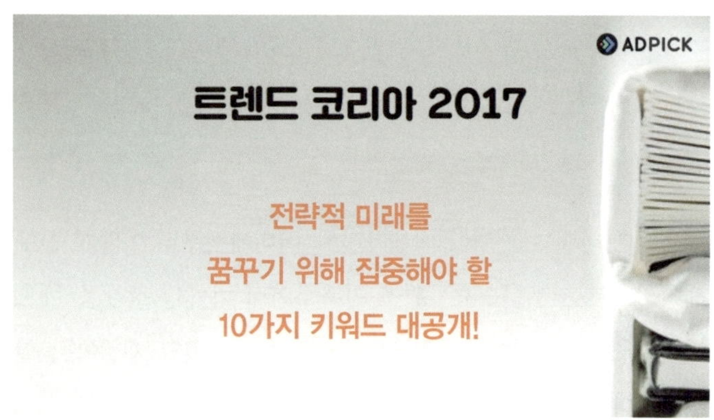

③ 『좋아 보이는 것들의 비밀』

이랑주 저 | 인플루엔셜 | 15,000원

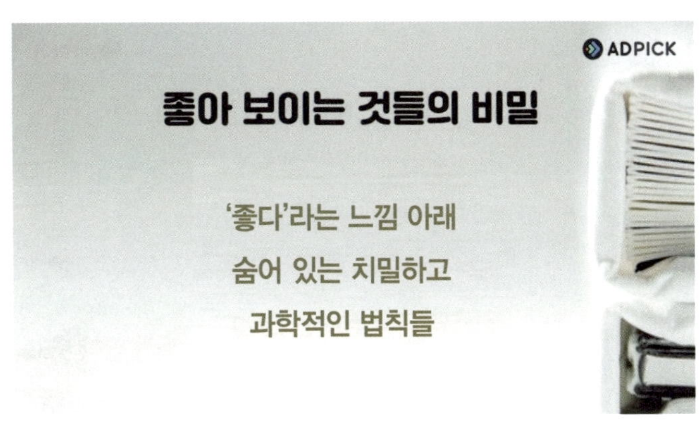

④ 『인스타그램 마케팅』

임헌수 저 | 라온북 | 16,000원

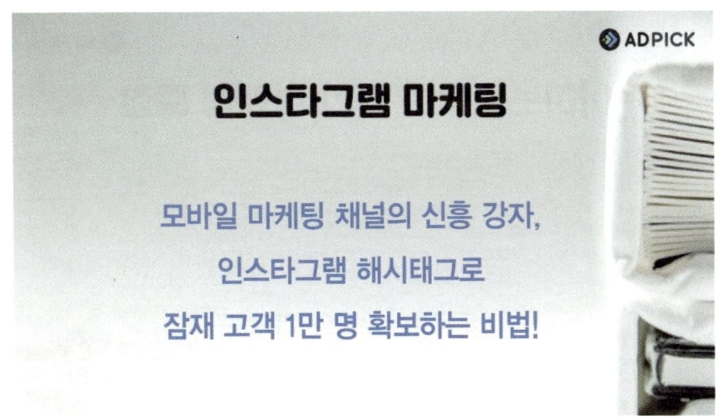

⑤ 『제로 투 원』

피터 틸 | 블레이크 매스터스 공저 | 한국경제신문사 | 13,500원

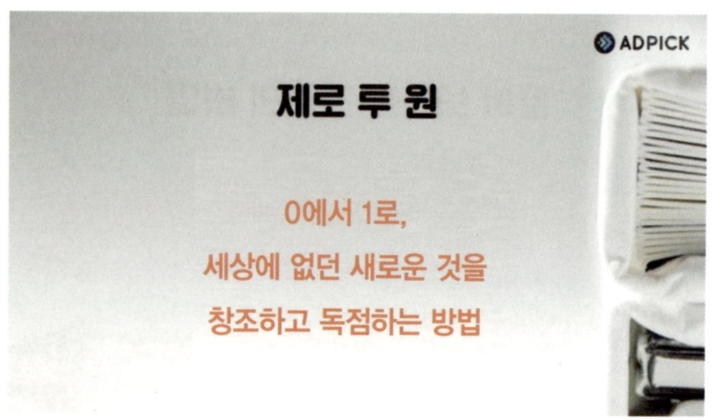

⑥ 『아이보스의 온라인 마케팅 통찰』

신용성 저 | 컨버전시 | 33,000원

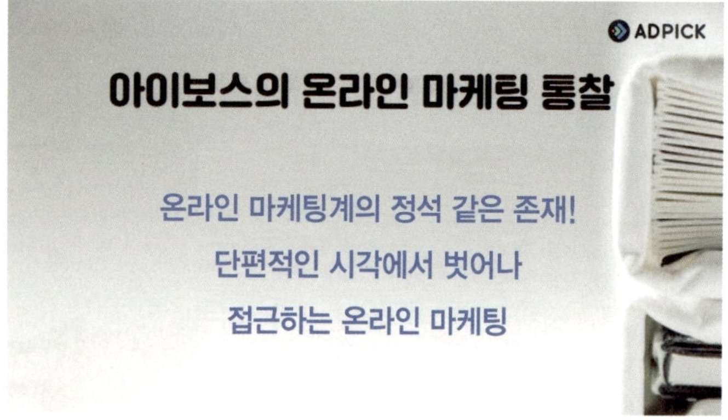

제2의 월급 : 인플루언서 마케팅

⑦ 『구글처럼 생각하라』

이승윤 저 | 넥서스BIZ | 15,000원

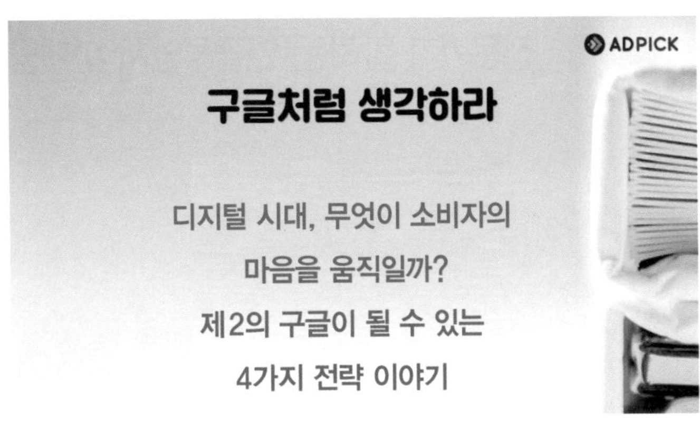

책을 통해서 마케팅 개념을 잡았다면 모바일 마케팅 실전 경험을 쌓는 것도 중요한 일이겠죠? 애드픽에서는 직접 블로그, 카페, 페이스북 등의 다양한 온라인 채널을 활용해서 직접 모바일 마케팅을 체험해볼 수 있습니다.

전문가가 말하는 **인플루언서 마케팅**

최근 애드픽에서는 특별한 인플루언서가 활동을 하고 계십니다. 스페인계 글로벌 모바일 광고 회사 모부시(www.mobusi.com)의 아시아 지사장, 대니한 님입니다. 이번 인터뷰를 통해 인플루언서 마케팅과 애드픽의 매력에 대해 솔직하고 일목요연하게 말해주셨습니다. 그리고 광고 및 마케팅 분야에 관심이 많은 취업 준비생을 위한 조언도 덧붙이셨는데요. 대니한 님의 이야기, 한번 만나보실래요?

Q. 안녕하세요. 간단히 자기소개 부탁드립니다.

¡Hola! 반갑습니다! 저는 스페인계 글로벌 모바일 광고 회사 모부시(mobusi)의 아시아 Big3 마켓인 한국, 중국, 일본을 총괄하고 있는 대니한 지사장입니다. 모부시는 전 세계

250여 개 국가의 광고주와 매체를 기술적으로 연결해주는 애드 네트워크 역할을 하고 있습니다. 스페인, 미국, 멕시코, 인도 등에 300여 명의 직원이 있으며 연 매출 1,000억 원이 넘는 스페인의 대표적인 모바일 광고 회사입니다.

Q. 모바일 광고 회사 지사장으로 바라보는 광고 트렌드는 어떠한가요?

10여 년 전 아이폰이 생겨나면서 모바일이라는 생활 환경이 생겼고, 광고 시장도 전통적인 매체들에서 디지털 특히 모바일 매체로 많이 이동하고 있습니다. 모바일 광고 시장의 성장 속도가 전 세계적으로 매우 빨라지고 있으며, 한국은 더욱더 빠른 것으로 체감하고 있습니다. 페이스북과 구글 등의 세계적으로 우수한 기업들이 이러한 광고 시장을 이끌고 있으며, 스페인 기업인 모부시는 물론 미국, 독일, 일본, 중국, 이스라엘, 인도 등의 다양한 국가에서 우수한 모바일 광고 관련 기업들이 많이 성장하고 있습니다.

Q. 모바일 광고가 엄청난 성장을 하고 있는 거네요.

네, 그렇죠. 기술 발전으로 하루에도 엄청난 양의 트래픽이 발생하고 있으며, 많은 광고들이 우리 생활에 쏟아져 나오고 있습니다. 하지만, 모바일 서비스 사용자들에게 좋은 광고를 보여주고 광고주들이 원하는 성과를 제공하는 것이 모바일 광고의 목적이지만 때로는 사용자들에게 불필요한 광고를 강제로 보여주게 되는 경우도 많이 발생하고 있습니다. 이는 곧 광고의 효율을 매우 떨어뜨리게 됩니다.

Q. 그렇다면 모바일 광고의 효율을 높이기 위한 방법은 무엇이 있을까요?

사용자들에게 도움이 되는 광고는 어떤 것인가 고민하던 차에 인플루언서 마케팅을 생각하게 되었습니다. 모바일 환경에 영향력 있는 인플루언서가 해당 서비스를 직접 체험해보고 좋고 나쁜 점을 알려주면 사용자들이 그 내용들을 참고해서 서비스를 이용할지 안 할지 결정하게 됩니다. 사용자들에게는 도움이 되는 정보가 될 수 있고 이는 곧 광고 효율의 상승으로 이어진다고 봅니다.

모부시도 인플루언시(www.influensi.net)라는 다른 형태의 인플루언서 마케팅 서비스를 준비하고 있습니다. 위에서 말씀드린 바와 같이 강제적으로 푸시하는 광고가 아닌 실제로 사용해본 영향력 있는 유저의 추천이 광고의 효율을 높인다고 생각하기 때문입니다.

Q. 앞으로의 인플루언서 마케팅 전망은 어떤가요?

모바일 광고 시장이 성장함과 동시에 광고효율은 점점 떨어지고 있습니다. 이는 한국뿐만 아니라 전 세계의 광고 시장

제2의 월급 : 인플루언서 마케팅

이 그렇습니다. 빅데이터(Big data), 머신 러닝(Machine Learning) 등 다양한 기술들이 발전되어 정교하게 타기팅 되었더라도 광고를 보는 것은 결국 사람이기 때문에 이러한 사용자들의 광고에 대한 피로도가 높아지면 결국 스팸이 될 뿐입니다. 그런 면에서, 영향력 있는 인플루언서들의 후기는 효율이 뛰어날 것으로 보입니다. 직접 사용한 후기를 본 사용자들이 직접 검색하고 확인한 후에 애플리케이션을 설치할 수 있으니까요.

Q. 최근에 애드픽 인플루언서 활동도 시작하셨어요. 어떻게 시작하게 되셨나요?

모바일 광고 전문가로서 인플루언서 마케팅을 제대로 체험하고 이해하기 위해 애드픽에서 인플루언서 활동을 시작했습니다. 조금씩 수익이 발생하는 것을 보니 관심도 점점 더 많이 생기는 것 같습니다. 애드픽을 제가 운영하는 스페인 라이프스타일 매거진 '스페인 어게인 (www.spainagain.net)' 과 개인 블로그(www.dannyhan.net)에 실제로 사용해보고 있습니다. 다양하게 더 테스트를 해보려고 합니다. 애드픽은 여러 가지 요소들이 잘 이루어져 있다는 점에서 대한민국 대표 인플루언서 마케팅 서비스라고 봐도 과언이 아닐 듯합니다.

일단 인플루언서들이 가입하고 이해하기 쉽게 서비스가 이루어져 있다는 점과, 활동을 재미있게 해주는 게이미피케이션(Gamification) 요소들이 적절하게 잘 스며들어 있습니다. 사용자들 간의 노하우 공유, 랭킹, 등급, 후원, 퀘스트 등은 마치 애드픽이라는 또 다른 게임을 즐길 수 있는 환경이 제공되어 있습니다. 다양한 광고 상품들이 실시간으로 올라오고 애드픽 애플리케이션으로 안내를 해주기 때문에 인플루언서 입장에서는 좋은 광고 기회들을 잘 살릴 수 있게 되어 있습니다.

또한 광고주 보호 차원의 모니터링 활동이 철저한 것 같습니다. 모바일 애플리케이션의 클릭 또는 설치만으로도 인플루언서에게 수익을 제공하기 때문에 부정한 방법으로 성과를 올릴 수 있는 유혹들이 많은데, 이러한 부분을 사전에 잘 공지하고 관리하기 때문에 광고주들에게는 안심하고 광고를 진행할 수 있는 신뢰를 제공하는 것으로 보입니다. 사용자들에게 지나친 과장이나 허위의 광고가 나가지 않고 광고주가 원하는 메시지를 정확하게 전달할 수 있도록 가이드라인을 명확히 해주는 것도 우수한 서비스라 생각합니다.

Q. 직접 작성하신 애드픽 리뷰에서 애드픽을 취업 준비에 좋은 훈련의 기회라고 표현해 셨어요. 왜 그렇게 생각하시나요?

많은 대학생들과 취업 준비생들이 마케팅과 광고 분야에 관심을 많이 가지고 있는데 정작 어떻게 취업을 해야 할지 모르고 있습니다. 기업들의 입장에서는 리스크를 줄이기 위해 조금이라도 해당 분야의 경력이나 재능을 증명할 수 있는 사람을 뽑으려고 하는데, 인턴도 경력이 있어야 지원할 수 있습니다. 공모전은 소수의 사람들에게만 결과를 안겨주기 때문에 취업 준비생들은 모바일 광고를 체험하고 공부해볼 기회가 많지 않습니다. 하지만 애드픽은 누구나 쉽게 가입할 수 있기 때문에 이 서비스를 통해서 직접 모바일 애플리케이션들을 홍보해보고, 문제점도 찾아보고, 시행착오를 겪으면서 모바일 광고 경험을 쌓아본다면 아주 의미 있는 훈련이 되지 않을까 합니다. 모바일 광고 회사 취업 시 본인의 활동들에 대해서도 증명할 수 있는 기회가 될 것으로 보입니다. 이력서에 애드픽 다이아몬드 레벨이라고 작성한다면 모바일 광고 회사들이 서로 모셔 가려고 하지 않을까요?

Q. 애드픽이 광고 및 마케팅 관련 경험을 쌓는 데 도움이 될 거라는 말씀이군요. 그러면 특히 어떤 점을 훈련할 수 있을까요?

저는 모바일 광고 시장이 주식 시장과 비슷하다고 생각합니다. 증권 회사가 주식 매수자와 매도자를 연결해주는 것과 같이 모바일 광고 회사는 광고라는 서비스 상품을 사려는 광고주와 팔려고 하는 매체를 연결해주는 역할을 한다고 봅니다. 모바일 광고도 주식처럼 'High Risk High Return'이 적용됩니다. 안전한 광고를 하려고 하면 가격이 비싸며 볼륨이 적고, 저렴하고 볼륨을 높이려고 하면 광고의 효율은 떨어질 수밖에 없습니다. 이러한 다이내믹한 모바일 광고 시장의 경험을 애드픽을 통해서 미리 할 수 있습니다. 증권 회사나 투자사에 취업하기 전에 모의 주식 투자를 해보면서 시장의 흐름을 파악하는 것처럼, 모바일 광고 회사 취업을 준비하기 위해 스스로 광고 시장과 모바일 애플리케이션 시장의 트렌드와 유저들의 행동들을 공부하기에는 애드픽만큼 좋은 훈련 장소는 없을 것 같습니다.

Q. 인플루언서가 되기 위해 어떤 노력을 해야 할까요?

무조건 해당 애플리케이션이 좋다고만 할 것이 아니라 실제로 사용해보고 좋은 점과 나쁜 점을 솔직하게 제공해야 합니다. 본인 스스로의 신뢰도가 높아지게 되고 이는 결국 영향력을 더 높이게 될 것으로 보입니다. 팩트에 집중하여 객관성을 잘 유지하는 언론사의 영향력이 늘어나는 것과 비슷한 것 같습니다.

Q. 앞으로 기대하시는 애드픽의 모습은 어떤가요?

애드픽은 애드픽 사용자들 즉 인플루언서에게 직접 수익 활동을 할 수 있게 해준다는 점에서 공유 경제 플랫폼과 비슷

합니다. 취업이 힘들고, 직업이 있더라도 수입이 늘지 않는 시대에는 이러한 서비스들을 찾는 사람들이 많아질 것으로 보입니다. 이는 전 세계적인 트렌드입니다. 애드픽이 한국은 물론 일본에서도 서비스를 시작하였고 의미 있는 결과들을 내고 있다고 들었습니다. 한국과 일본에 그치지 않고, 다른 아시아, 미주, 유럽 등 다양한 시장으로 빠르게 진출하면 좋겠습니다. 변화의 속도가 빠르고 수많은 경쟁자들이 나타나고 있기 때문에 조금이라도 늦어지면 해당 시장 전체를 놓칠 수 있습니다. 제가 좋아하는 문구인 'Think Globally, Act Locally(세계적으로 생각하고, 지역적으로 행동하라.)'처럼 애드픽 서비스가 더 큰 시장으로 나가 지역별 현지화에 성공하여 대한민국을 먹여 살리는 대표 기업이 되길 희망합니다.

대니한 지사장님은 점점 효율이 떨어지고 있는 모바일 광고 시장의 돌파구로 '인플루언서 마케팅'을 말하고 있습니다. 소비자에게 피로도를 주는 일방적인 광고 대신 영향력 있는 인플루언서의 목소리를 높게 산 것입니다. 인플루언서 활동을 직접 경험해보시면서, 광고주와 인플루언서를 연결해주는 애드픽의 장점도 높이 평가해주셨습니다. 앞으로의 활동도 기대하겠습니다. 감사합니다.

http://influencer.cafe

● 부록 ●

유용한 광고 마케팅 업계 기본 용어

· AE(Account Executive): 광고 계획을 수립하고 지휘하는 전문 인력

· CD(Creative Director): 광고를 제작하고 책임지는 사람

· Copywriter: 광고 문안을 만드는 사람

· SA(Search Ad): 검색 광고

· PV(Page View): 페이지 노출 횟수

· UV(Unique Visitor): 애플리케이션이나 웹사이트를 방문한 중복 방문을 제외한 순 방문자 수. 예를 들어 해당 기간 동안 어떤 사용자가 1번을 방문하든, 10번을 방문하든 모두 방문자 수는 1명으로 처리했을 경우의 방문자 수

· Media Mix: 미디어 채널에 대한 복합적 운영 전략

· Media Rep: 광고 매체를 선정하고 미디어 믹스 등을 기획하는 곳

· IMC(Integrated Marketing Communication): 통합 마케팅 커뮤니케이션, 온·오프라인의 미디어 믹스를 통한 복합적 마케팅 기획 및 집행

· PM(Project Manager): 광고 홍보 및 마케팅 책임자

· ARPU(Average Revenue Per User): 유저별 평균 매출

· ARPPU(Average Revenue Per Pay User): 아이템 등을 구매한 유저의 평균 매출

· CAC/UAC(Customer/User Acquisition Cost): 신규 유저 한 명 유치의 투입 비용

· CRC(Customer Retention Cost): 한 명의 신규 유저 유치 이후 유저의 이탈 방지 비용

· LTV(Life Time Value): 유저 1명이 하나의 서비스를 이용하는 전체 기간 동안 서비스 기업에 제공할 것으로 추정되는 재무적인 공헌의 합계

· CAC＋CRC＜LTV: 신규 유저 한 명을 유치해 계속 서비스를 사용하게끔 만드는 비용보다 유저 1명이 하나의 서비스에 투입하는 금액이 더 많을 때 서비스가 지속될 수 있다는 이론

· ROAS(Return on Ads Spending): $\dfrac{\text{광고주가 획득한 매출 수익}}{\text{투자한 광고 비용}} \times 100$

(예) 100만 원 어치의 배너 광고를 집행했더니 1,000만 원의 매출이 발생했을 경우에 ROAS는 1,000%. 수익률이 높을 수록 ROAS도 UP!

· CTR(Click Through Rate): $\dfrac{\text{광고 클릭 수}}{\text{광고 노출 수}} \times 100$

(예) 배너 광고가 200번 노출 되었는데 실제로 클릭한 수는 20번일 경우, CTR은 10%

· CVR(Conversion Rate): $\dfrac{\text{전환 수}}{\text{클릭 수(방문 수)}} \times 100$

특정 사이트를 방문한 방문 수 혹은 클릭 수 대비 구매나 이벤트 참가 등 실질적인 행동으로의 전환이 일어난 비율

(예) 어떤 사이트 혹은 애플리케이션의 방문자 수가 300명인데 상품 구매를 한 사람이 15명일 경우 CVR은 5%

그런데 말입니다!
저작권,
그것이 알고싶다
부제 : 불펌의 유혹
ADPICK

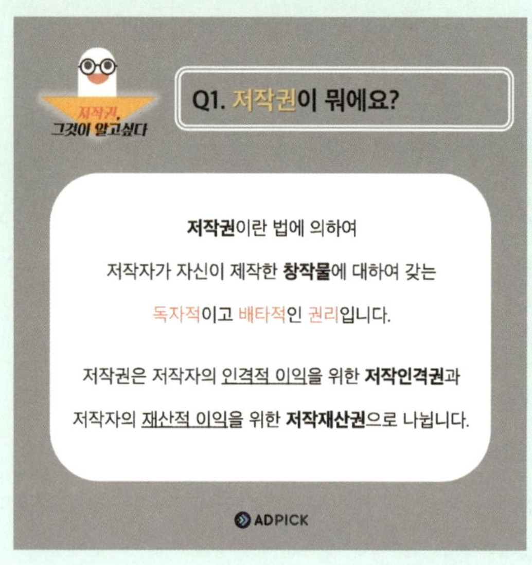

저작권,
그것이 알고싶다
Q1. 저작권이 뭐에요?
저작권이란 법에 의하여
저작자가 자신이 제작한 창작물에 대하여 갖는
독자적이고 배타적인 권리입니다.
저작권은 저작자의 인격적 이익을 위한 저작인격권과
저작자의 재산적 이익을 위한 저작재산권으로 나뉩니다.
ADPICK

Q2. 저작권 침해는 뭔가요?

저작권자의 허락을 받지 않고

무단으로 저작물을 이용하는 행위를 말해요!

특히, **인터넷**이 발달하면서 아무런 의식없이

불펌 등으로 타인의 저작물을 무단으로

웹페이지에 게시하는 일이 많아지고 있습니다.

Q3. 왜 저작권이 중요한가요?

저작권도 현금이나 집과 같은

하나의 **재산권**이기 때문입니다.

저작권을 침해한 자는

5년 이하의 징역 또는 **5천만 원 이하의 벌금**에

처할 수 있을 정도로 큰 범죄입니다.

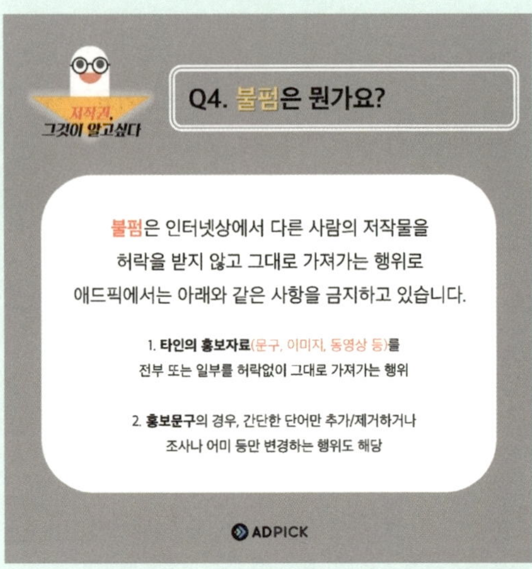

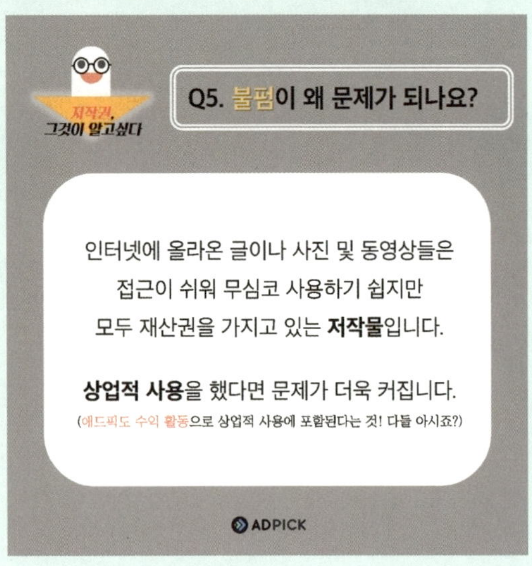

제2의 월급 : 인플루언서 마케팅

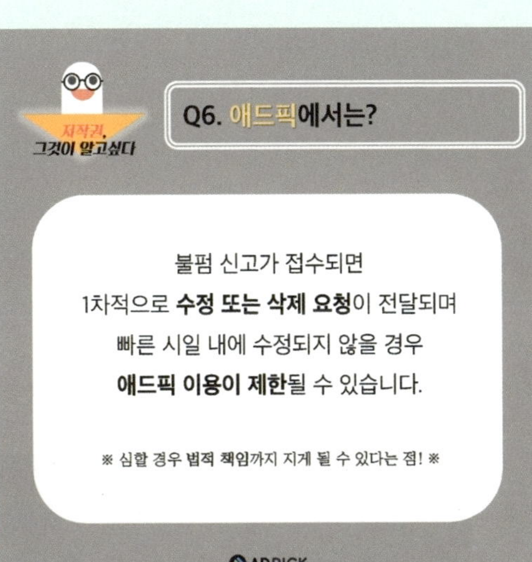
저작권,
그것이 알고싶다

Q6. 애드픽에서는?

불펌 신고가 접수되면
1차적으로 **수정 또는 삭제 요청**이 전달되며
빠른 시일 내에 수정되지 않을 경우
애드픽 이용이 제한될 수 있습니다.

※ 심할 경우 법적 책임까지 지게 될 수 있다는 점! ※

ADPICK

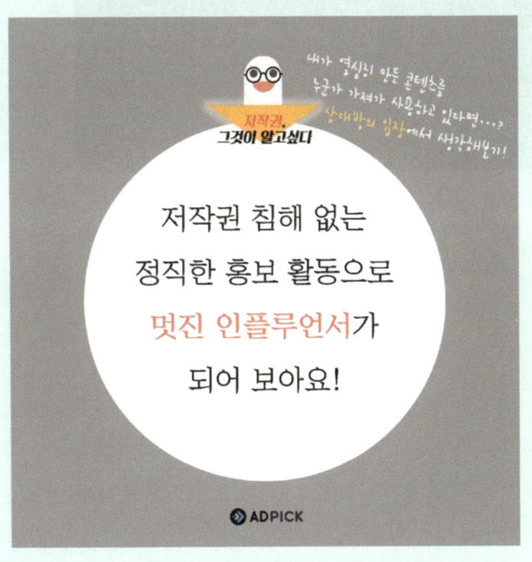
저작권,
그것이 알고싶다

내가 열심히 만든 콘텐츠를
누군가 가져가 사용하고 있다면…?
상대방의 입장에서 생각해보기!

저작권 침해 없는
정직한 홍보 활동으로
멋진 인플루언서가
되어 보아요!

ADPICK

실제 불펌 사례

☀ 웹소설 앱 홍보 시 **이름만 같은** 다른 웹툰 이미지로 홍보

☀ 웹툰 **저작권 침해** 및 **허위 사실** 유포

ADPICK

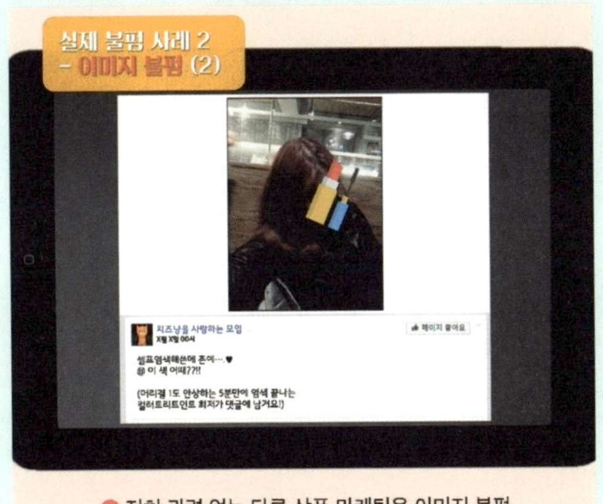

☀ 전혀 관련 없는 다른 상품 마케팅용 이미지 불펌

☀ 이미지 **저작권 침해** 및 **허위 사실** 유포

ADPICK

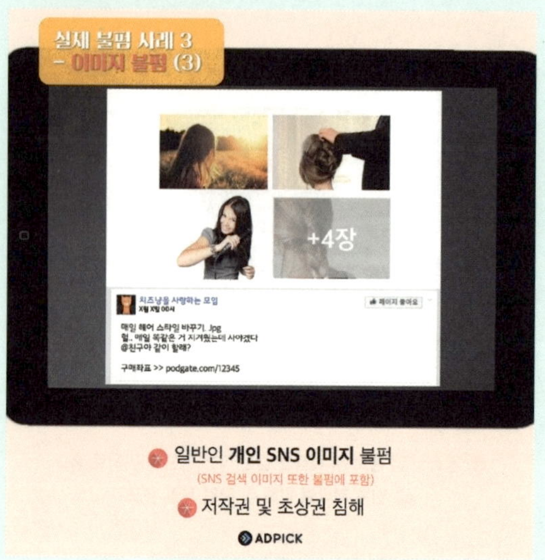

제2의 월급 : 인플루언서 마케팅

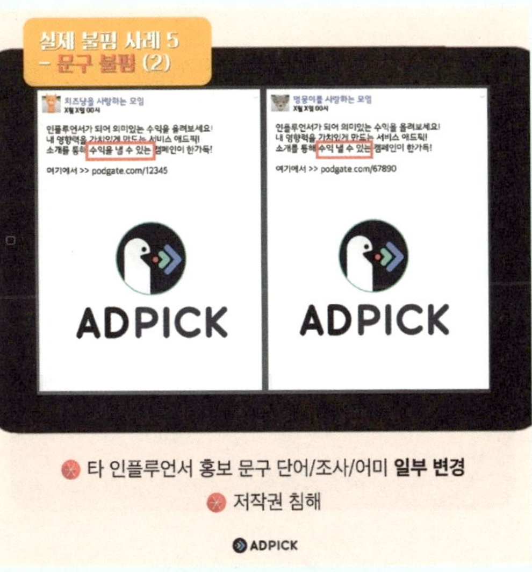
실제 불펌 사례 5
- 문구 불펌 (2)
치즈냥을 사랑하는 모임
X월 X일 00시
인플루언서가 되어 의미있는 수익을 올려보세요!
내 영향력을 가치있게 만드는 서비스 애드픽!
소개를 통해 수익을 낼 수 있는 캠페인이 한가득!
여기에서 >> podgate.com/12345
명몽이를 사랑하는 모임
X월 X일 00시
인플루언서가 되어 의미있는 수익을 올려보세요!
내 영향력을 가치있게 만드는 서비스 애드픽!
소개를 통해 수익 낼 수 있는 캠페인이 한가득!
여기에서 >> podgate.com/67890
ADPICK
ADPICK
타 인플루언서 홍보 문구 단어/조사/어미 일부 변경
저작권 침해
ADPICK

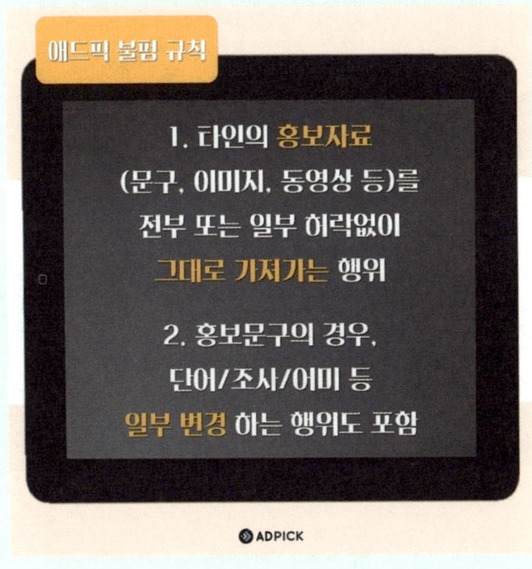
애드픽 불펌 규칙
1. 타인의 홍보자료
(문구, 이미지, 동영상 등)를
전부 또는 일부 허락없이
그대로 가져가는 행위

2. 홍보문구의 경우,
단어/조사/어미 등
일부 변경 하는 행위도 포함
ADPICK

제2의 월급 : 인플루언서 마케팅

제2의
월급

| 인플루언서 마케팅 |

1판 1쇄 발행 2017년 10월 10일
1판 2쇄 발행 2017년 10월 27일

지은이 김민수 외 3인
발행인 도영
디자인 씨오디
마케팅 김영란
편집 및 교정 교열 김송이
발행처 솔빛길   등록 2012 - 000052
주소 서울시 마포구 동교로 142, 5층(서교동)
전화 02) 909 - 5517
Fax 02) 6013 - 9348, 0505) 300 - 9348
이메일 anemone70@hanmail.net

ISBN 978 - 89 - 98120 - 42 - 9 13320

ⓒ 오드엠